유스토 L. 곤잘레스의
간추린 교회사

―교회사 안내서―

유스토 곤잘레스의 간추린 교회사
Church History, An Essential Guide
초판 발행:1998년 8월 10일
제2판 편집 수정판: 2019년 2월 15일
지은이: 유스토 L. 곤잘레스
옮긴이: 주재용
발행처: 은성출판사
등록:1974년 12월 9일 제9-66호
초판 ⓒ1996년, 2019년 2월 15일
주소:서울시 강동구 성내로3길 16(은성빌딩 3층)
전화: (031)/774-2102
팩스: (02)6007-1154

이 책은 미국 애빙던 출판사와의 출판계약에 의하여 출판하였으며, 본 한국어 번역본에 대한 제작 및 판매에 대한 일체의 권리는 은성출판사가 소유하고 있습니다. 출판사의 사전 서면으로 허락없이 번역, 재제작, 인용, 촬영, 녹음 등을 할 수 없음을 알려드립니다.

Church History, An Essential Guide
Copyrights ⓒ1996 by by Justo L. González.
Requests for information should be addressed to Abingdon Press, 201 Eighth Avenue South, P. O. Box 801, Nashville, TN 37202, USA.

ISBN: 979-11-89929-00-8 93230
Printed in Korea

Church History
An
Essential Guide

Justo L. González

유스토 L. 곤잘레스의
간추린 교회사

―교회사 안내서―

유스토 L. 곤잘레스 지음
주 재 용 옮김

목차

목차 / 7
서론 / 9
개관 / 15
제1장: 초대교회 / 33
제2장: 기독교 제국 / 49
제3장: 중세의 초기 / 63
제4장: 중세의 절정기 / 77
제5장: 중세의 후기 / 91
제6장: 정복과 종교개혁 / 105
제7장: 17세기와 18세기 / 123
제8장: 19세기 / 135
제9장: 20세기와 근대성의 종말 / 147
역자 후기 / 159
역자 소개 / 163
색인 / 165

서론

이 책의 목적

이 책이 나올 수 있었던 것은 수년간 교회사를 가르친 경험 때문이다. 결론적으로 말해서 교회사를 처음 공부하는 학생들이 느끼는 어려움은 교회사를 세계적 시각(global vision)에서 볼 수 없는 데서 나타난다. 많은 학생들은 십자군 전쟁이 종교개혁 이전에 발생했는지 아니면 이후에 발생했는지 모른다. 따라서 학생들이 교회사 과정에 들어설 때의 느낌은 마치 그들이 어두운 동굴로 발을 들여놓고 계속해서 더 깊은 미지의 곳으로 빨려 들어가면서도 어디가 반환점인지를 모르는 것과 같다.

그러한 상황에서 학생들은 무엇이 근본적인 것이고 무엇이 부수적인 것인지를 구별하는 것이 어려워진다. 더욱 불행한 것은 어떤 학생들이 조그만 지식을 외우느라고 몇 시간을 낭비하거나, 특정 시기에 무슨 사건이 발생했는지 또는 그 사건이 그 뒤의 교회 역사에 어떠한 영향을 주고 있는지 전혀 알지 못한다는 것이다.

이 책으로 그러한 문제들을 해결하려고 한다. 그러나 이 책을 전통적인 교회사 교재로 저술한 것은 아니다. 그것은 이 책이 교재가 필요로 하는 세밀함이나 복합적 의미를 담고 있지 않기 때문이다. 대신에 이 책이 하나의 지도나 나침반이 되어서 교회사를 처음 대하는 학생들의 안내자 역할을 해서 그들의 교회사 공부를 순조롭게 할 수 있기를 바란다. 길을 잃지는 않을까 하고 두려워하는 사람은 자연 풍경을 즐길 수 없다. 그리고 저자가 교회사라는 풍경을 마음껏 즐기고 있는 것처럼 독자들도 이 풍경을 보고 즐기기를 바란다.

한편, 간추린 역사는 살 없는 뼈와 같다. 간추린 역사를 통해서 우리는 몸의 기본 구조를 알 수 있지만 살아 있을 당시의 사람이 어떤 사람이었는지에 대해서는 알 수 없다. 따라서 내가 독자들에게 권고하고 싶은 말은 이 책을 읽을 때 실제로 교회사를 연구하지도 않았으면서 교회사의 대략을 알려고 하는 하나의 방법으로 생각하지 말고, 하나의 지도로 생각함으로써 실질적으로 교회사를 재미있게 공부하기를 바란다. 교회사는 신앙 안에서 우리보다 앞서 살았던 사람들의 삶과 좌절과 희망이다. 독자들이 나의 권고를 진지하게 받아들여서 더 깊이있는 독서를 하여 이 책에서 다루지 않는 다른 주제들에 대한 더 세밀한 연구를 하면 그에 대한 보상이 충분히 있을 것이다.

이 책의 구조

이 책은 하나의 개관과 9개의 장으로 구성된다. 개관에서 기독교 역사의 전체 흐름을 간략히 다룬다. 독자들은 여기서 주요 사건들의 순서와 어떻게 그것들이 서로 연결이 되어 있는지 완전하게 이해할 수 있다.

개관에서 전체 교회사를 아홉 시대로 나누었다. 이러한 구분은 다소 독단적이지만 어떤 부분은 교육적 관점에서 또는 다른 이유 때문에 그렇게 하였다. 각각의 장은 개관에서 언급한 각각의 시대와 연결하였다.

더 나아가서 아홉 개의 장 안에서 개관에서 언급한 것들이 반복된다. 인용은 본문과는 다른 글씨체로 표시했으며, 해당 장에 대한 요약의 역할을 한다. 따라서 각 장을 읽을 때, 독자들은 쉽게 개관으로 옮겨가서 스스로 전체 줄거리의 어느 곳에 있는지, 그리고 지금 읽고 있는 부분과 조금 전에 읽은 부분, 혹은 다음 부분에 나올 내용과 어떻게 연결되는지를 알 수 있도록 하였다.

저술 초기 단계에서 이 책을 읽은 동료들의 제안을 받아들여 이 책을 새롭거나 어려운 개념들을 포함시킬 것을 진지하게 생각하였다. 그러나 그렇게 하면, 처음 의도했던 것보다 훨씬 부피가 큰 책이 될지도 모른다는 생각이 들어서 그렇게 하지 않았다.

개관에서 언급한 내용을 뒤의 장들에서 보충하였기 때문에 추가된 많은 낯선 단어들은 다른 장에서 설명될 것이다. 따라서 개관을 읽을 때 분명하지 않은 것이 있으면 관련 장을 찾아서 읽는 것이 가장 좋다.

또한 각각의 장에서 교리나 운동의 이름에 대해 자세한 설명이 없을 때 참고 도서를 읽으면 많은 도움을 얻을 것이다.

참고 도서

각 장 끝에서 독자들은 "참고 도서" 목록을 보게 될 것이다. 이것들은 미국의 신학교와 대학들에서 교회사 연구를 위해 가장 일반적으로 사용하고 있는 것들이다. 이 책은 하나의 개략적인 책이기 때문에 독자들이 적어도 하나의 참고 도서를 택해서 자신이 읽고 있는 부분을 보충하기를 바란다.

다시 말해서 이 책은 깊이있는 연구용으로 사용해서는 안되고, 단지 심도있는 연구로 이끌어 주는 안내서일 뿐이다. 따라서 여러분이 각 장을 읽을 때마다 그 부분이 어떻게 다른 기독교 역사와 관계가 있는지를 확인하기 위해서 개관으로 되돌아가거나, 특정 시기에 제기된 문제점들과 각 장에서 기술된 사건들을 더욱 충분히 이해하기 위해서 참고 도서를 읽는 것이 좋다.

나는 이러한 설명들이 대단히 잘 이해되리라고 생각한다. 만약 그렇지 않다면, 최고의 학습 방법은 실습이다. 그러므로 사랑하는 독자들이 부디 이 책을 읽기 시작해서 기독교 역사 속으로의 흥미

진진한 여행을 떠나기를 바란다.

개관

역사를 연구할 때는 항상 시대를 구분한다. 이러한 구분이 유용한 이유는 한 시대에서 다른 시대로 넘어갈 때 일어나는 변화들을 잘 인식할 수 있도록 도와주며, 그리고 나름대로의 틀을 가지고 있는 우리의 지식들을 잘 정리하는데 도움을 줄 수 있기 때문이다. 그러나 중요한 것은 그러한 구분이 항상 어느 정도는 인위적이라는 것과 다른 방법으로도 구분할 수도 있다는 것을 이해해야 한다.

기억할 것은 여기에서 설명하는 역사는 다음과 같이 시대 구분을 하고, 그 각각의 시대는 이 책의 여러 장들에서 설명할 것이다.

1. 초대 교회: 기독교의 시작에서 콘스탄틴이 박해를 끝낼 때까지(밀라노 칙령, 313년)

이 시대는 전체 교회사의 분위기를 좌우하는 형성기였다. 왜냐하면, 오늘날까지 우리는 그 당시에 결정된 것들의 영향을 받으며 살고 있기 때문이다. 기독교는 이미 종교, 문화, 사회 및 정치 구조가 형성되어 있는 세상에서 탄생하였다. 이러한 구조 속에서, 새로운 신앙은 자신의 정체성을 밝히면서 발전하였다.

초기 기독교의 첫번째이면서 가장 중요한 과제는 유대교의 전통과 기독교의 특징이 다르다는 것을 입증해 보이는 일이었다. 신약성서에서 보듯이 자신을 입증하는 과정에서 중요한 정황(context)은 이방인에 대한 선교였다.

그 후 기독교는 국가와 갈등을 빚었고 바로 그러한 상황 때문에 새로운 신앙은 주변 문화와 그 문화를 지원하고 대변해 주는 정치, 사회 제도들과의 관계를 설정해야 했다.

그러한 국가와의 갈등 때문에 순교자와 "변증론자들"(apologists)이 나타나게 되었다. 순교자들은 그들의 피로써 자신들의 믿음을 증거했다. 변증론자들은 다양한 박해에 직면하여 기독교 신앙을 옹호하였다(그리고 저스틴처럼 어떤 사람들은 처음에는 변증론자였다가 결국 순교자가 되었다). 신앙을 지키려는 이러한 시도로 인해 기독교 최초의 신학 저작들이 나왔다.

그러나 다른 도전도 있었는데 대부분의 기독교인들은 이것을 "이단"(heresies)—즉 기독교 메시지의 핵심 부분을 공격하는 교리들—이라고 불렀다. 이러한 이단에 대한 대항으로 초대 교회는 신약성서의 정경(또는 책의 목록)화와 "사도신경"(the Apostle's Creed)이라고 불리는 신경과 사도적 전통의 교리를 만들어 냈다.

변증론자들 이후에 최초의 위대한 신앙 교사들—예를 들면 이레니우스, 터툴리안, 알렉산드리아의 클레멘트, 오리겐, 씨프리안과 같은 사람들—이들은 자신들의 활동 내용들을 썼으며, 이 내용들은 오늘날까지도 영향을 미치고 있다.

끝으로, 중요한 것은 자료가 부족함에도 불구하고 처음 몇 년 동안에 있었던 기독교인들의 예배와 매일의 생활에 대한 것들을 알 수 있다는 것을 지적하는 일이다.

2. 기독교 제국: 밀라노 칙령(313)에서 마지막 서로마제국 황제의 몰락(476)까지

콘스탄틴 황제의 "개종"과 함께 모든 것이 급격하게 변했다. 박해받던 교회는 처음으로 공인받은 교회가 되었으며, 결국에는 로마 제국의 국교가 되었다. 그 결과 이전에는 대개 사회의 하층민들로 구성되었던 교회에 귀족들이 들어오게 되었다.

이러한 변화에의 적응은 쉽지 않았으며, 기독교인들은 여러 가지 반응을 보였다. 어떤 사람들은 너무나 감격해서 정부와 사회에 대해 비판적 자세를 취할 수 없었다. 또 다른 사람들은 사막이나 외딴 곳으로 도망가거나 수도사 생활을 했다. 더구나 어떤 사람들은 간단히 기존의 교회에서 이탈하여 자신들이 진정한 교회라고 주장했다. 또한 고대 종교를 다시 설립하여 국가와의 관계를 재설정하려는 이교도적 반응도 있었다.

가장 유명한 기독교 지도자들의 사회적 지위가 중류층으로 떠올랐다. 그들은 계속해서 도시에 살면서 비판적 자세로 사회생활을 하였다. 그리하여 상존하는 박해의 위협에서 벗어난 교회는 가장 위대한 교사들을 배출하였다. 이 시대에 위대한 신학 논문들이 산출되었을 뿐만 아니라 위대한 영성에 관한 중요한 저작들과 최초의 교회사가 형성되었다. 그러나 또한 이 시기에 격렬한 신학 논쟁들이 나타났다. 특히 아리우스주의와 삼위일체 교리에 관한 논쟁을 해야 했다.

이 시대는 "야만인들"의 침략으로 끝났다. 이 야만인들은 게르만족들로서 로마제국을 침략하여 제국의 영토 안에 정착하였다. 410년에 고트족이 로마를 침략하였고, 476년에 마지막 서로마 황제(로물루스 아우구스투스)가 폐위되었다.

3. 중세의 초기: 로물루스 아우구스투(Romulus Augustus)의 몰락(476년)에서 동·서 교회의 분열(1054년)까지

로마제국이 그 이전에 두개의 영역(라틴어를 사용한 서로마 제국과 그리스어를 사용한 동로마 제국)으로 분열되었기 때문에, "야만인들"의 침략은 모든 기독교 제국 내에 똑같은 방법으로는 영향을 미치지 못했다. 그들은 그리스어를 사용하는 기독교 제국과 동방교회 보다는 라틴어를 사용하는 서방교회에 더 깊은 영향을 미쳤다.

라틴계 서방 제국(오늘날 스페인, 프랑스, 이탈리아 등)은 혼란의 시대였다. 이 제국은 몰락하고, 수많은 야만인 국가들이 차지하였다. 이 시대는 고통과 죽음과 무질서의 시기로서, 기독교 예배는 주님의 부활과 승리를 노래하기보다는 죽음과 죄악과 회개에 더 많은 관심을 가지기 시작했다. 따라서 성만찬은 이전까지는 축제였지만 이제는 장례 의식이 되었다. 이 장례 의식에서 사람들은 주님의 승리보다는 자신의 죄악에 더 많은 생각을 하게 되었다.

많은 고대의 문화가 사라졌으며, 이것을 그나마 조금이라도 보존한 유일한 곳은 교회였다. 이러한 이유 때문에 이러한 혼란 속에서도 수도원과 교황직이 중요한 역할을 하면서 교회는 더욱 강력해지고 훨씬 큰 영향력을 행사하게 되었다.

한편 동방의 로마제국(지금은 비잔틴 제국으로도 불림)은 천년간 더 지속하였다. 이곳에서 국가는 교회보다 훨씬 더 힘이 있었으며, 종종 국가의 의지대로 교회를 움직이곤 했다. 여기서는 또한 기독론의 이해를 돕는 중요한 신학 논쟁들이 있었다. 이러한 논쟁들의 결과로 오늘날까지 존속하는 많은 의견을 달리하는 혹은 독립 교회들이 나타났는데, 이 교회들을 보통 "네스토리안"(Nestorian)과 "단성론자들"(Monopsysite)이라고 부른다.

이 시대의 중기에 이르면서 이슬람이 교회에 대한 새로운 위협 세력으로 나타났다. 이슬람은 당시까지 교회의 중요한 중심지였던 광대한 영토와 도시들—예루살렘, 안디옥, 알렉산드리아, 카르타고 등—을 정복하였다.

이슬람이 영토 확장을 최대로 한 바로 그 시기에, 서유럽에서는 프랑크 왕국 안에서 새로운 정치 세력이 성장하고 있었다. 이 왕국의 가장 강력한 통치자는 샤를마뉴였다. 800년에 교황은 고대 서로마 제국의 부활을 꿈꾸며 샤를마뉴에게 "황제"라는 관을 씌워 주었다. 이 새로운 제국은 과거의 서로마 제국과는 결코 같은 것이 아니었지만, 그 명칭(때로는 권력)은 수세기 동안 지속되었다.

그 결과 기독교는 그전까지는 주로 지중해를 가로지르며 동서의 축의 중심으로 존재해 왔지만 이제는 프랑크 왕국에서 로마까지 즉, 북에서 남으로 이어지는 새로운 선을 중심으로 활동하기 시작하였다. 그러나 비록 이곳 서방에서 교회가 매우 강력한 것처럼 보이지만, 사실상 교회는 주위의 혼란—그리고 어느 정도 교회 자체 내의 불일치가 이 혼란을 부채질했다—을 진정시키기에는 힘이 부족했다. 이러한 혼란에 대한 대책으로 "봉건제도"(feudalism)라는 새로운 체제가 형성되었다. 이 제도에서 각각의 봉건 영주는 자신이 원하는 대로 전쟁을 일으켰고 때때로 심지어는 약탈을 하기도 하면서 자신의 정책을 추구하였다.

동방에서는 여전히 어느 정도 질서가 잡혔고, 고대의 지식과 문학이 가장 잘 보존되었다. 그러나 비잔틴 제국의 옛 수도인 콘스탄티노플은 계속해서 영향력을 상실하고 있었다. 비잔틴 기독교의 가장 큰 성과로는 보통 988년으로 기록되는 러시아의 개종을 들 수 있다. 동방과 서방 교회의 관계는 1054년에 결정적으로 단절될 때까지 긴장이 계속 고조되었다.

4. 중세의 절정기 동방교회와 서방교회의 분열(1054)에서 교황권 몰락의 초기(1303)까지

서방교회는 근본적인 개혁을 필요로 하고 있었는데, 수도원 제도 안에서 이러한 움직임이 나왔다. 마침내 개혁을 간절히 원했던 수도사들은 교황권을 확보하게 되었고, 그 결과 개혁적인 교황들이 잇달아 배출되었다. 그러나 이로 인해 세속 권위와 교회 권위, 특히 황제와 교황사이에 다툼이 일어났다.

이 때가 바로 1095년에 시작해서 수세기 동안 지속된 십자군 전쟁의 시기였다. 그리고 또한 스페인의 "재정복"의 시기였다. 이 과정에서 무어인들이 이베리아 반도에서 축출되었다.

십자군 전쟁의 영향으로 상업이 번창했으며, 그 결과 도시들이 또한 발달했다. 왜냐하면 도시들은 무역의 중심지였기 때문이다. 일찍이 일상 생활에서 실질적으로 사라졌던 화폐가 다시 통용되기 시작했다. 이러한 사건으로 새로운 계급 즉 "부르주아"(도시 출신의 사람들)가 나타났다. 이 사람들은 처음에는 상업을, 나중에는 산업의 발달에 종사했다.

새로운 상황에 대한 반응으로 몇 개의 새로운 수도사 단체가 생겨났다. 그들 중에서 가장 유명한 것은 프란시스코회와 도미니크회였다. 이들은 구걸을 통해서 자신들을 유지하였으므로 탁발수도회라고 부른다. 이들은 선교 활동에 새로운 각성을 일으켰으며, 대학에도 또한 파급하여 이른바 "스콜라철학"으로 불리는 그 당시 신학의 지도자가 되었다. 이 신학은 보나벤츄라(프란시스코회 수도사)와 토마스 아퀴나스(도미니크회 수도사) 때에 절정에 달했다.

도시들의 발달로 인해 거대한 성당들을 건축하였다. 이전 교회 건축물에 지배적이었던 "로마네스크" 양식 대신에 이제는 "고딕" 양식이 각광을 받기 시작했다. 이 고딕 양식의 대성당들은 모든 시대를 통틀어 가장 인상적인 건축물이었다.

끝으로, 이 시기에 특히 인노센트 3세(Innocent III, 1198-1216) 때 교황의 권위와 권력은 최고조에 달했다. 그러나 이 시기의 끝인 1303년에는 교황권이 몰락하기 시작했다.

5. 중세 후기: 교황권 몰락의 징후가 처음 나타나기 시작한 때(1303)부터 콘스탄티노플의 함락(1453)까지

성장하는 부르주아는 여러 나라의 군주제의 협력자가 되었으며, 이로 인해 봉건체제는 끝나고 근대 국가가 시작되었다. 그러나 국가주의 그 자체는 곧 교회 일치에 장애가 되었다. 이 시대의 중요한 기간 동안에 프랑스와 영국은 "백년 전쟁"을 벌였고, 대부분의 다른 유럽 국가들도 또한 그 전쟁에 관여했다. 이 시대는 또한 "페스트 전염병"의 때였다. 이 전염병으로 인해 유럽의 인구가 상당히 감소되었으며 그리하여 인구 통계학과 경제학상에 대변동이 일어났다.

교황권의 몰락은 분명히 그리고 빠르게 진행되었다. 첫째 프랑스의 보호와 통제를 받게 되었다. 교황청은 로마에서 프랑스 접경 지역에 있는 아비뇽(1309-1377)으로 이동되었다. 그 후 "서방교회의 대분열"(1378-1423)이 왔으며, 이 때 두 명의 교황(때로는 세 명의 교황)이 동시에 나타나서 서로 성 베드로의 후계자임을 주장했다.

이러한 분열을 극복하고 아울러 교회를 개혁하기 위한 공의회 운동이 대대적으로 일어났다. 이 운동의 바램은 전체 교회의 공의회가 진정한 교황을 결정하는 것이었다. 결론적으로 공의회 운동으로 분열은 끝나고, 모든 사람이 단 한 사람의 교황에 대해 합의할 수 있었다. 그러나 그 후 공의회 자체가 분열되었고, 그 결과 이제 교황은 하나이지만 공의회는 둘이 되었다. 곧 이어 교황들은 르네상스 정신에 몰두하게 되었다. 그로 인해 교황들은 교회의 영적인 생활에 관한 것보다는 로마의 재건과 아름다운 궁전의 건축과 다른 이탈리아 세력들과 전쟁을 하는 데 더 관심을 두었다.

교황권처럼 스콜라 신학—즉, 대학에서 행한 신학—또한 위기를 맞이 했다. 더욱 더 애매한 특성과 전문화한 어휘에 근거한 스콜라 철학은 기독교인들의 일상생활과의 관계가 더욱 멀어졌으며, 오직 신학자들에게만 관심 있는 주제들에 많은 노력을 기울였다.

이 모든 것들에 대한 반응으로 몇 가지 개혁 운동들이 있었다. 존 위클리프와 존 후스와 지랄라모 사보나롤라 같은 사람들이 이러한 개혁운동을 이끌었다. 어떤 다른 사람들은 교회의 개혁이 새로운 학문의 결과로서 나타날 것을 바랬다. 여전히 어떤 사람들은 전체적으로 교회를 개혁하려고 하기보다는 신비주의에서 그들의 안식처를 찾았다. 이 신비주의를 통해 그들은 영적인 생활을 계발하였고, 부패하여 개혁이 불가능한 교회와는 상관할 필요가 없이 하나님께 나아가고자 하였다.

한편 비잔틴 제국은 더욱 쇠약해졌으며 마침내 터키의 침략으로 멸망하였다.

6. 정복과 종교개혁: 콘스탄티노플의 함락(1453)에서 16세기 말(1600)까지

그 이름에서 알 수 있듯이, 두 가지의 중요한 사건들이 이 시기에 발생했다. 그 하나는 아메리카 대륙의 "발견"과 정복이며, 다른 하나는 종교개혁이다.

비록 아메리카 대륙의 "발견"과 정복을 교회사에서는 거의 취급하고 있지 않지만, 매우 유명한 사건들이다. 그러나 불과 백년 밖에 안되는 이 기간에 유럽은 세계의 많은 지역, 특히 아메리카 대륙에 자신의 영향력을 확대하였고, 그 결과 자칭 기독교인들이 전례 없이 수적으로 많이 증가하였다. 따라서 서반구의 정복은 현재 교회사의 중요한 부분이며, 교회는 오늘날까지 많은 영향을 받고 있다.

루터가 그의 유명한 95개조를 발표한 1517년을 보통 종교개혁을 시작한 연대로 잡는다. 우리가 앞에서 보았듯이 이전에 오랫동안 개혁운동이 있어 왔지만, 개혁운동을 피할 수 없는 계기로 만든 것은 루터와 그의 추종자들이었다.

그러나 로마 가톨릭을 반대한 사람들 모두가 루터와 그의 신학에 동조를 한 것은 아니었다. 곧이어 또 다른 운동이 스위스에서 나타났다. 처음에는 쯔빙글리의 지도하에, 그 다음에는 칼빈의 지도하에 새로운 운동이 일어났다. 이 운동으로 오늘날 우리가 말하는 "개혁교회"와 "장로교회"가 탄생하였다. 이보다 더 급진적인 입장을 취한 사람들이 있었는데, 그들의 적들은 그들에게 "재세례파"—다시 세례받는 사람들이라는 뜻—라는 경멸적인 칭호를 부쳤다. 이 종교개혁파에서 메노파(Mennonites)와 몇몇의 다른 그룹들이 파생하였다. 영국에서는 다른 종류의 개혁이 나타났다. 이것은 개신교 신학(특별히 칼빈 신학)을 따르면서 교회 정치와 예배에 관한 고대의 전통들을 계속 유지하는 것이었다. 이것이 영국교회(the Church of England)이며, 여기서 오늘날의 "성공회"와 "감독파"(Episcopal)라는 이름의 교회들이 파생되었다.

부분적으로는 종교개혁의 결과로서, 그리고 부분적으로는 내부의 역동성 때문에 로마 가톨릭 교회도 또한 이른바 "반종교개혁"(Counter-Reformation)으로 불리는 새로운 움직임을 겪었지만, 이 움직임은 종교개혁에 대한 단순한 반응을 훨씬 넘는 것이었다.

이 시대가 끝날 때까지, 그리고 많은 갈등과 전쟁을 경험하면서도 개신교는 독일, 영국, 스코틀랜드, 스칸디나비아, 네덜란드에서 확고히 자리를 잡았다. 프랑스에서는 오랜 종교전쟁을 치른 후 일시적으로 타협을 한 결과, 왕은 가톨릭교도였지만 개신교 신자들을 인정하였다. 스페인, 이탈리아, 폴란드와 다른 나라들에서는 개신교를 무력으로 억압하였다.

7. 17세기와 18세기

이 시기에 다양한 단체들—특히 가톨릭 교회와 개신교 교회—의 종교적 신념이 강해서 때로는 인구를 감소시킬 정도로 잔인한 전쟁이 발생했다. 독일과 그 외 유럽 국가들은 30년 전쟁(1618-1648)을 치렀는데, 유럽이 경험한 것 중에서 가장 처절한 전쟁이었다. 프랑스에서는 이전의 개신교 공인정책을 폐지하였다. 영국에서는 청교도 혁명이 내전으로 발전하여, 국왕 찰스 1세를 처형하게 되었다. 그 이후에도 종교적 반대자들을 이전 보다 더 많이 공인했음에도 불구하고, 혁명 이전의 상황과 매우 유사한 상황이 될 때까지 전쟁은 계속되었다.

이 모든 전쟁들은 여러 정통파들—로마 가톨릭교, 루터교, 칼빈교(Reformed)—의 독선으로 인한 결과였다. 이들 정통파들은 아주 조그마한 교리도 대단히 중요하게 다루었으므로, 그것을 조금이라도 벗어나는 것을 허용하지 않았다. 그 결과 이미 말한 전쟁뿐만 아니라 가톨릭파, 루터파, 개혁파 사이에서 끝없는 논쟁이 일어났으며, 심지어 이들 모두는 자신들의 전통 안에서조차도 합의점에 도달하는 것이 쉽지 않았다.

그러한 엄격한 정통 교리와 그로 인한 명백한 부정적 결과들에 대한 반작용으로 합리주의가 성장했다. 또 다른 결과로 경험의 중요성과 정통 교리에 대한 복종을 강조하는 일련의 입장이 나타났다. 영국의 국교회에서 감리교가 취한 바와 같이, 루터파와 경건파와 모라비안파들이 이러한 입장을 취하였다. 불행하게도 정통파들과 경건파들에게는 안되지만, 어떤 단체들은 더 이상 교회나 믿음의 공동체 안에서가 아닌, 내적이고 개인적인 생활 영역에서 영적인 선택을 하고, 하나님을 찾기 시작했다.

또 다른 사람들은 유럽을 떠나 자신들의 복음에 필수라고 믿는 원리들—이 원리들은 때때로 그들과 신념이 다른 사람들에게는 배타적이었다—에 맞는 사회를 건설하기를 희망하면서 새로운 곳으로 이주했다. 이렇게 해서 뉴잉글랜드라는 영국의 식민지가 탄생하게 되었다.

8. 19세기

이 시대를 근대의 가장 위대한 세기라고 부른다. 이 시대는 민주주의의 이상과 독립의 열기로 가는 길을 연 정치적 격변—북미의 독립, 프랑스 대혁명, 라틴 아메리카 국가들의 독립—으로 시작하였다. 이 새로운 국가들의 이상은 양심의 자유였다. 그래서 누구도 자신이 확신하지 않는 것을 강요당할 수 없다는 이상을 갖게 되었다.

이것은 그 이전부터 유행했던 합리주의와 결합되어 많은 사람들은 단지 엄격한 합리적 믿음만이 근대 세계에 잘 어울릴 수 있다고 생각하게 되었다.

특히 독일과 그 이외의 지역의 개신교 신학자들이 그러한 태도를 보였다. 이것이 19세기에 많은 사람들이 추종한 "자유주의"라는 신학적 입장의 기원이었다.

한편 프로테스탄티즘 혹은 적어도 개신교 신학자들과 지도자들은 근대의 새로운 물결을 따라간 반면에 로마 가톨릭은 정반대의 길을 갔다. 교황 비오 9세는 사실상 근대적인 것—민주주의, 양심의 자유, 공립 학교 제도—으로 보일 수 있는 것들을 이단적인 것으로 단죄하였다. 또한 바로 이 시기에 이러한 반동적인 정책으로서 교황은 무오하다고 정식으로 선언하였다(제1차 바티칸 공의회, 1870년).

다른 한편, 유럽에서는 많은 사람들이 기독교가 과거 속으로 사라져 가고 있다고 생각했다. 그러나 반면에 정확히 말해서 바로 그 시기에, 기독교 신앙은 광범위한 지역으로 팽창되어서 최초의 보편적인 신앙이 되었다. 확실히 19세기 교회사에서 가장 중요한 사건은 기독교의 선교 확장, 특히 아시아 · 태평양 · 아프리카 · 이슬람 세계와 라틴 아메리카에서 있었던 개신교의 선교 확장이었다.

9. 20세기와 근대성의 종말

우리가 교회사를 여러 시대로 구분하는 목적을 위해서도, 1914년 제1차 세계대전의 발발로 19세기는 끝났다고 말하는 것이 좋을 듯하다. 따라서 20세기란 1914년에서부터 현재까지를 말한다.

20세기 초의 합리주의 원칙들은 특히 과학과 기술에 적용하였을 때와 마찬가지로 예기치 못한 결과들이 발생했다. 근대의 절정기에, 인류는 축복받은 풍요와 즐거움의 시간 속으로 다가가고 있다고 믿었다.

모든 인간의 문제는 궁극적으로 이성과 그 자매격인 기술을 통해서 해결할 수 있다고 생각했다. 북대서양의 산업화된 국가들(유럽과 미국)은 세계를 약속있는 미래로 인도할 수 있을 것이라고 생각했다. 그러나 20세기는 그러한 희망에 종지부를 찍었고, 일련의 사건들로 인해 그러한 근대의 약속이 한낮의 꿈이었다는 것이 증명되었다.

세계 도처에서 탈 식민지화가 급속하게 진행되었다. 이것 또한 근대성의 종말의 한 단면이었다. 왜냐하면 사람들은 실제로 지금까지 식민지 경영을 정당화하기 위해 사용해 오던 근대의 약속에 불신을 나타내기 시작하였기 때문이다. 아시아, 아프리카, 라틴아메리카에서 식민주의와 신식민주의에 대항하여 정치적이며 지성적인 강력한 반발을 나타내었다.

이러한 사건들이 교회의 생명에 미치는 영향을 이해하기 위한 가장 간단한 과정은 기독교의 세 지류(支流), 즉 동방 정교·로마 가톨릭교·개신교가 걸어온 길을 추적하는 것이다.

20세기 초, 동방정교회 전체는 러시아 혁명과 그것이 동유럽 국가들에 끼친 영향으로 동요를 겪었다. 소련(지금의 러시아국가연합)에 적용한 마르크스주의는 근대성이 제시한 또 다른 약속이었다. 그러나 20세기 말이 되면서 분명해진 것은 소련의 국가 경영은 실패하였으며, 강력한 정부의 수 십년간의 압제 하에서도 살아남은 러시아 교회가 새 생명의 징조를 보이고 있다는 점이다.

20세기 전반기 내내 로마 가톨릭교는 근대성의 여러 가지 관점들과 다툼을 계속했다. 1958년 교황 요한 23세의 즉위와 함께 로마 가톨릭교는 근대 세계에 자신을 개방하기 시작했다. 그러나 그 때 이미 세계는 포스트모더니티(Postmodernity)로 급속하게 나아가고 있었으며, 제2차 바티칸 공의회 이후 발달한 신학은 초기 세대가 취한 반발적 태도에 근거하기보다는 근대성을 초월한 미래로의 전망에 근거해서 근대성을 끊임없이 비판하였다.

개신교의 경우, 유럽에서의 자유주의 신학자들의 낙관론은 두 번에 걸친 세계 대전으로 산산이 부서졌다. 미국에서는 비록 그 영향이 미미하다 할지라도, 그와 유사한 것이 발생했다. 자유주의 신학에 대한 칼 바르트(Karl Barth)의 도전은 포스트모더니즘의 신학이 필요하다는 것을 어렴풋이 감지한 최초의 사건이었다. 20세기 후기에 미국에서 발생한 시민권을 위한 투쟁, 사회적 갈등과 위기들이 그와 비슷한 역할을 했다.

다른 한편, 모든 기독교 세력들 안에서 반식민주의와 견줄만한 운동이 일어났다. 선교 사업의 결과 출현한 신생(younger) 교회들은 자신의 자치권과 복음을 자신의 상황 안에서 그리고 자신의 관점으로 해석할 수 있는 권리를 요구하기 시작했다. 라틴 아메리카에서 이러한 경향을 나타내는 두 가지 놀랄만한 증거가 있는데, 오순절 운동과 해방신학의 탄생이 그것이었다. 세계 전역에서 모든 여성들 뿐만 아니라 교회 내에서 인종적, 문화적으로 소수 민족에 속한 사람들이 자기들의 말에 귀를 기울일 것을 주장했다.

그 결과 새로운 에큐메니즘이 생겨났다. 이 에큐메니칼 운동은 대개 선교 사업과 그에 관한 반영에서 비롯되었다. 이제 "신생" 교회들의 성장과 함께 이러한 에큐메니칼 운동은 새로운 전환점에 들어섰다. 그리고 그와 마찬가지로 선교운동에 있어서도 선교로 발생한 신생 교회들이 점차적으로 능동적인 역할을 하게 되었다고 말할 수가 있을 것이다.

참고 도서

이 "개론"의 준비 과정으로, 교회사의 입문 과정에서 교재로써 가장 빈번히 사용하는 개론서를 알아보기 위해서 많은 대학과 신학교 교수들 사이에서 조사를 하였다. 이 조사에 근거하여, 각 장의 끝에 "참고도서"를 제시하였다. 아래에 소개된 일곱 권의 책들이다. 독자들은 이 중에서 한 권을 골라서 여기서 소개한 개론을 더 자세히 살펴볼 수 있을 것이다.

Dowley, Tim, et al. , editors, *Introduction to the History of Christianity*(Minneapolis: Fortress, 1995).

González, Justo L., *A History of Christian Thought*, 3 vols., revised edition(Nashville: Abingdon, 1987).

González, Justo L., *The Story of Christianity*, 2 vols., 2nd edition, San Francisco: Harper Collins, 2010; 엄성옥 역, 「초대교회사」, 「중세교회사」, 「종교개혁사」, 「현대교회사」(서울: 은성출판사).

McManners, John, editor, *The Oxford Illustrated History of Christianity* (New York: Oxford University Press, 1993).

Marty, Martin, *A Short History of Christianity, second edition* (Minneapolis:Fortress, 1987).

Bruce L. Shelley, *Church History in Plain Language* (Waco: Word, 1982).

Walker, Williston, with Richard Norris, David Lotz, and Robert T. Handy, *A History of the Christian Church*, fourth edition (New York : Charles Scribner's Sons, 1985).

이 책들은 각각 나름대로 기독교 역사를 시대 구분하고 그에 따라서 자료를 구성하였기 때문에, 이책의 각 장 끝에 있는 참고 도서들의 쪽수는 각 장에서 논의하고 있는 자료들과 정확히 일치하지는 않을 것이다. 이 책은 위에서 제시한 나의 두번째 책 *The Story of Christianity*의 구분과 순서를 거의 따른 것이다. 그러나 독자들은 아주 적은 노력으로 이 책과 연결하여 위의 어떤 책도 읽을 수 있을 것이다.

제1장

초대교회

기독교의 시작에서 콘스탄틴이
박해를 끝낼 때까지(밀라노 칙령, 313년)

이 시대는 전체 교회사의 분위기를 좌우하는 형성기였다. 왜냐하면 오늘날까지 우리는 그 당시에 결정된 것들의 영향을 받으며 살고 있기 때문이다.

기독교는 이미 종교, 문화, 사회 및 정치 구조가 형성되어 있는 세상에서 탄생하였다.

기독교 역사를 이해하기 위해서 사람들은 역시 기독교가 나타난 그 상황을 이해해야 한다. 왜냐하면 그 상황은 기독교의 생활과 교리를 형성하는 데 매우 큰 영향을 주었기 때문이다. 초대 교회의 가장 긴급한 상황은 유대교-처음에는 팔레스틴 유대교 그리고 그 후에는 성지(the Holy Land)에서 벗어난 지역에 산재해 있던 유대교들이었다.

팔레스틴 유대교는 구약성서의 마지막 책이 기록된 이후 발전해왔다. 그리스도가 탄생하기 300년 전에 알렉산더 대왕이 그리스에서 이집트까지 이르는 광범위한 영토에 대제국을 세웠으며, 인도까지도 세력을 펼쳐나갔다. 따라서 팔레스틴은 그 한 부분이었다. 알렉산더 대왕의 정복이 끼친 영향 중 하나는 헬레니즘(Hellenism)이었다. 즉, 그것은 알렉산더와 그의 추종자들이 가져온 그리스 문화와 그가 정복한 여러 나라들에 오랫동안 존속해 온 고대 문화들의 결합체이다.

알렉산더 대왕이 죽자, 그의 후계자가 시리아와 팔레스틴을 계속 통치했다. 막카비를 지도자로 한 유대인들이 반란을 일으킨 후 로마제국이 기원전 63년 다시 정복할 때까지 팔레스틴은 잠시 동안 독립을 했다. 따라서 예수가 태어났을 당시 팔레스틴은 로마제국의 속해 있었다.

팔레스틴의 유대교는 여러 당파와 종교단체들로 구성되어 있었다. 그중 중요한 것들로서 젤롯당, 바리새파, 사두개파, 에세네파가 있었다. 이 종파들은 하나님을 숭배하는 방법 뿐만 아니라 유대인들이 로마제국을 대하는 태도와 방법에서도 서로 달랐다. 그들 모두가 합의했던 것은 오직 한 분의 하나님이 계시다는 것과 하나님의 백성들은 특정한 행동 규범을 따라야 한다는 것과 언젠가는 그들에 대한 하나님의 약속이 성취될 것이라는 것이었다.

팔레스틴 이외의 지역인 이집트, 아시아, 소아시아, 로마, 북아프리카 등에도 많은 유대인들이 살고 있었다. 심지어는 일찍이 바빌론 제국이 지배했던 동쪽의 나라들에도 유대인들은 있었다. 팔레스틴의 경계를 넘어서 이렇게 방대한 지역에 흩어져 있는 불확정한 유대인들을 "디아스포라" 또는 분산(Dispersion) 유대인이라고 한다. 디아스포라 유대교는 다양한 주변 문화들을 만들어 냈다. 로마제국의 영역 안에서는 히브리어나 아람어—바빌론 때 동쪽으로 흩어졌던 디아스포라 지역에서의 공통 언어—보다는, 그리스어—헬레니즘 세계에서 가장 공통으로 사용하는 언어—를 더 많이 사용했다. 따라서 이집트에 있던 디아스포라에서 구약은 그리스어로 번역되었다. "70인역"으로 알려진 이 번역본을 그리스어를 사용하는 기독교인들이 가장 오랫동안 사용하여 왔다. 이집트에는 또한 헬레니즘화된 유대교 철학자인 알렉산드리아 출신의 필로(Philo of Alexandria)라는 인물이 있다. 그는 유대교와 그리스 철학을 결합하려고 하였다. 그리하여 그는 기독교 신앙에 관해서도 비슷한 길을 따르려는 많은 기독교 신학자들의 선구자가 되었다.

그러나 시초부터 기독교회는 유대교의 한계를 뛰어넘어 이방인에게 전달될 정도로 발전하기 시작했다. 그러한 과정을 이해하기 위해서 당시의 정치 문화적 환경에 관한 것들을 알 필요가 있다.

정치적으로 지중해의 전역은 통일된 로마제국의 영토였다. 이러한 정치적 통일은 기독교의 확장에 기여했다. 그러나 반면에 그러한 통일은 종교 혼합주의에 근거를 두고 있어서, 다양한 종교적 전통들의 혼합은 곧 초기 기독교에 가장 커다란 위협이 되었다. 게다가 정치적 통일의 지지 기반으로 황제 숭배가 있었는데, 이것은 곧 기독교 박해의 한 원인이 되었다.

이러한 구조 속에서, 새로운 신앙은 자신의 정체성을 밝히면서 나아갔다.

철학에서 플라톤과 그의 스승 소크라테스의 사상은 지배적이었다. 그들은 현재의 과도기적인 "현상"의 세계보다는 훨씬 더 완전하고 영원한 세계 즉, 눈에 보이지 않고 순수한 이성의 세계(rational world)와 영혼의 불멸성에 관하여 이야기했다. 그리고 높은 도덕적 가치들을 추구하는 철학적 교리인 스토아 철학을 많은 사람들이 따랐다. 결국 많은 기독교인들은 죽음 이후의 삶에 대한 기독교 교리를 영혼의 불멸성에 대한 플라톤주의의 개념으로 이해했고, 하나님의 통치의 선포를 플라톤의 이데아 세계에 대한 긍정으로 이해하게 되었다. 마찬가지로 스토아의 도덕주의가 기독교 윤리의 발전에 심대한 영향을 끼쳤다.

초기 기독교의 첫번째이자 가장 중요한 과제는 유대교 전통과 기독교의 특징이 다르다는 것을 입증해 보이는 일이었다. 신약성서에서 보듯이 자신을 입증하는 과정에서 중요한 정황은 이방인에 대한 선교였다.

이 이야기는 신약성서를 통해서 잘 알려져 있다. 특히 바울 서신과 사도행전에서 처음 몇 십년 동안 교회는 가장 어려운 결정을 내려야 했음을 알 수 있다. 기독교는 유대교의 새로운 한 종파인가? 기독교가 이방인들에게 개방될 것인가? 기독교로 개종한 이방인들이 유대교를 어느 정도 받아들여 따를 것인가? 이것들은 교회가 초기 몇 십년 동안에 씨름해야만 했던 가장 중요하고도 긴급한 질문들이었다.

신약 성서와는 별도로 전해오는 가장 오래된 기독교 책을 모아서 "사도 교부들"(Apostolic Fathers)이라고 부른다. 신약성서가 완성된 이후의 기독교인들의 가르침과 생애에 관한 대부분의 정보들을 얻을 수 있었던 것은 바로 이러한 편지, 설교, 신학 논문 등의 수집을 통한 것이었다. 여기서 우리는 교리, 예배, 교회 정치 및 윤리와 같은 다양한 주제들 안에서 똑같이 기독교가 자신을 명시하는 과정을 보게 된다.

그 뒤 기독교는 국가와 갈등을 빚었고, 바로 그러한 상황 때문에 새로운 신앙은 주변 문화와 그 문화를 지원하고 대변해 주는 정치, 사회 제도들과의 관계를 설정해야 했다.

그러한 국가와의 갈등 때문에 순교자와 "변증론자들"이 나타나게 되었다. 순교자들은 그들의 피로써 자신들의 믿음을 증거했다.

사도행전에 의하면 기독교인들과 교회를 박해하는 데 앞장선 사람들은 유대교의 종교적 지도자들이었다. 더 나아가 어떤 경우에는 제국의 권력 당국들이 폭동을 진압하기 위해 개입하였고, 그 결과 간접적으로 기독교는 박해를 받기도 하였다.

그러나 곧 이어 상황이 바뀌어, 기독교인들을 박해하는 데 앞장을 선 것은 바로 제국이었다. 1세기 동안, 최악의 박해는 네로(Nero, 54-68)와 도미티안(Domitian, 81-96) 황제 치하에서 일어났다. 비록 이러한 박해가 교회의 생명에 중대한 영향을 미치는 것이지만, 비교적 지역적으로 일어났다. 첫번째 박해는 로마에 국한되었으며, 두번째는 대개 소아시아에서 일어났다.

2세기에는 전 기간 동안에 트라얀 황제(Trajan, 98-117)의 정책이 계속되었지만 박해는 광범위하게 증가하였다. 이 정책으로 인해 기독교인들은 당국 앞으로 끌려와서 공개적인 배교를 거절하면 처벌을 받았지만, 동시에 기독교인들을 색출해내기 위해 국가의 재원을 동원하지는 못하였다. 그 결과 산발적인 박해가 대개 지역적으로 발생했다. 2세기에 가장 유명한 순교자들은 안디옥의 이그나티우스(Ignatius of Antioch, 그의 일곱 편지가 전해져 온다), 스미르나의 폴리캅(Polycarp of Smyrna, 그의 순교는 아주 오래된 고대 문서에 기록되어 있다), 저스틴, 그리고 갈리아(Gaul) 지역의 비엔나와 리용의 순교자들이다.

3세기 동안에 오랫동안 상대적으로 조용한 시간이 흘렀지만 박해는 심각해졌다. 셉티미우스 세베루스 황제(Septimius Severus, 193-211)가 종교 혼합정책을 이어받아 유대교와 기독교와 같은 배타적 종교를 믿는 사람들에게 사형을 선고하였다. 그의 통치 기간 동안에 가장 유명한 페르페투아(Perpetua)와 펠리키타스(Felicitas)의 순교가 일어났다. 데키우스 황제(249-251)는 모든 사람들은 신들 앞에서 제물을 바쳐야 하며 또한 그렇게 하겠다고 선언하는 증명서를 소지하도록 명령했다. 기독교인들과 제물을 바치기를 거절하는 사람들을 범죄자로 취급하였다. 발레리안 황제(Valerian, 253-260)도 이와 유사한 정책을 취했다.

그러나 최악의 박해는 디오클레티안 황제(Diocletian, 284-305)와 그의 후계자들의 통치 하에서 일어났다. 먼저 기독교인들은 로마 군대에서 축출당했다. 다음에는 그들의 건물들과 경전들을 훼파하였고, 끝으로 박해는 일반화되었고, 기독교인들은 사형 뿐만 아니라 여러 가지 종류의 고문을 당하게 되었다.

디오클레티안 황제가 죽고 난 후에도, 그의 공동 후계자인 콘스탄틴 황제(Constantine, 306-337)와 리키니우스 황제(Licinius, 307-323)가 소위 "밀라노 칙령"(Edict of Milan, 313년)을 발표하여 박해를 끝낼 때까지, 그의 박해 정책은 계속되었다.

변증론자들은 다양한 박해에 직면하여 기독교 신앙을 옹호하였다(그리고 저스틴처럼 어떤 사람들은 처음에는 변증론자였다가 결국 순교자가 되었다). 신앙을 지키려는 이러한 시도로 인해 기독교 최초의 신학 저작들이 나왔다.

박해가 발생한 이유는 대다수가 기독교인들에 대한 대중들이 만든 유언비어와 여론의 탓이었다. 예를 들면 기독교인들은 여러 가지 부도덕한 행동을 취한다는 말들이었다. 또한 논리적 사고가 불가능한 사람들은 기독교의 교리를 이해할 수 없다고 주장하였다.

그러한 상황에 대한 반응으로 변증론자들은 기독교 예식에 관한 거짓 소문들을 부인하고 아울러 기독교는 무지한 것이 아니라는 것을 증명하기 위해 일련의 글들을 썼다. 따라서 변증론자들의 주요한 지적인 과업은 기독교 신앙과 고대 그리스-로마 문화와의 관계를 밝혀내는 것이었다.

어떤 변증론자들은 공개적으로 그리스-로마 문화에 대해 적대적이었다. 그들은 대개 그리스-로마 문화가 사실상 존경할 가치도 없는 것임을 증명함으로써 기독교 변호를 하려고 하였다. 이러한 방식을 택한 변증론자가 타티안(Tatian)이다.

다른 사람들은 그 반대의 방식을 취했다. 즉, 이교도 문화를 공격하기보다는 그 안에 특정 가치가 있다는 것을 말하면서도 동시에 기독교로부터 또는 적어도 유대교로부터 파생한 문화들이라고 주장하였다. 따라서 플라톤이 있기 오래 전에 이미 모세가 살았으며 플라톤이 말했던 좋은 것들 중의 대부분은 모세로부터 배운 것이라고 주장하였다.

그러나 가장 강력한 주장이면서 궁극적으로 기독교 신학에 가장 큰 영향을 미친 견해는 "로고스"(Logos) 또는 하나님의 말씀에 관한 저스틴의 주장이었다. 저스틴은 2세기의 가장 위대한 기독교 변증론자로 결국에는 죽음으로써 그의 신앙을 증거했다.

그러한 이유 때문에 그는 "순교자 저스틴"(Justin Matyr)으로 알려져 있다. 그에 의하면 요한복음이 말하듯이 하나님의 말씀 혹은 로고스는 이 세상에 태어난 모든 사람들—예수 안에서 말씀이 육신이 되기 전에 살았던 사람들을 포함해서—을 비춘다.

따라서, 지금 누군가가 가지고 있거나 또는 이전에 가졌던 빛은 기독교인들이 예수 그리스도 안에서 알고 있는 것과 똑같은 하나님의 말씀 때문이다. 이러한 주장에 근거해서 저스틴은 이교도 문화와 철학에서 발견할 수 있는 가치가 무엇이든지간에 그것을 수용하고 더 나아가 그것으로 자신의 신앙 이해를 넓히는 데에 자유

함을 느꼈다. 수세기를 지나면서 이 로고스론은 모든 진리의 근원으로서 어디서든지 기독교 신학 뿐만 아니라, 많은 기독교인들이 주변 문화와 교류를 할 때에도 많은 영향을 미쳤다.

그러나 다른 도전도 있었는데 대부분의 기독교인들은 이것을 "이단"—즉 기독교 메시지의 핵심 부분을 공격하는 교리들—이라고 불렀다.

교회는 여러 가지의 종교 배경을 가진 사람들에게 급속히 퍼져 나갔고, 그 결과 기독교에 관한 다양한 해석 문제가 제기되었다. 비록 항상 교회 안에는 약간의 신학적 다양성이 존재해 왔지만, 이러한 다양한 해석들 중의 일부는 곧 많은 사람들이 기독교 메시지의 핵심이라고 간주하고 있는 것을 위협하는 것으로 드러났다. 이러한 교리들은 결국 "이단"으로 분류되었다.

가장 중요한 이단은 영지주의(Gnosticism)였다. 영지주의는 여러 가지 면에서 서로 다른 학파와 이념들을 혼합시켜 놓은 사상의 덩어리이나, 다음과 같은 공통 요소도 있다: 첫째, 물질 세계에 대한 부정적 태도다. 그래서 "구원"은 물질로부터의 도피에서 나온다. 둘째, 그러한 구원은 특정한 지식이나 "영지"(gnosis)를 통해서 얻어진다. 이 영지를 통해서 믿는 자들은 물질 세계에서 도피하여 영적인 세계에 도달할 수 있다. 이러한 "영지" 때문에 그러한 교리들을 모두 묶어 "영지주의"라는 이름으로 분류한다.

모든 영지주의자들이 다 기독교인은 아니다. 그러나 기독교와 영지주의가 함께 등장했을 때 전통적인 기독교 신앙은 몇 가지 측면에서 위협을 받았다. 영지주의는 현재의 물질 세계가 하나님의 선한 창조물이라는 창조설을 부인했다; 또한 영지주의는 하나님이 인간의 몸을 취했다는 현현론—예수는 우리와 같은 육체를 취하지 않았다고 주장하는 영지주의 이론은 "가현설"(docetism)로 알려져 있다—을 부인했다; 아울러 육신과 함께 영생을 얻는 것을 기대하는 최후의 부활을 부인했다(비록 대부분의 영지주의자들이 적어도 어떤 영혼들은 천성적으로 불멸한다고 주장하였지만).

이 시기에 기독교에 심각한 도전을 한 또 다른 "이단"이 마르시온(Marcion)의 교리였다. 영지주의자처럼 마르시온은 선한 하나님이 지금의 물질 세계를 창조했다는 것을 부인했다. 따라서 그는 구약의 하나님은 예수의 아버지와 같은 분이 아니고 단지 열등한 존재에 지나지 않는다고 주장했다. 그는 또 야훼가 복수를 하며 잔인한 반면에, 참되고 지고한 하나님은 사랑하고 용서하는 분이라고 말했다.

교회를 세우지 않았던 영지주의자들에 비해서 마르시온은 마르시온 교회를 세웠다. 또한 그는 구약성서를 열등한 신의 책이라고 배격하고, 참 하나님의 영감을 받았다는 기독교 책들의 목록을 그 자신이 만들었다. 비록 그가 수집한 책들이 현재의 신약성서에 훨씬 미치지 못하지만 첫번째로 작성된 신약성서의 목록이었다.

이러한 이단에 대한 대항으로 초대 교회는 신약성서의 정경(the Canon 또는 책의 목록)화와 "사도신경"(the Apostle's Creed)이라고 불리는 신경과 사도적 전통의 교리를 만들어 냈다.

매우 이른 시기부터 교회는 복음서들과 바울 서신들을 예배와 교리문답 지침서로 사용했지만, 어떤 책들은 성서며, 다른 것들은 성서가 아니라고 결정하게 된 것은 이단들의 도전 때문이었다. 자신들의 책을 만들어 낸 이단자들에 대항해서 교회는 어떤 책들이 기독교 성서에 해당하는지를 결정하기 시작했던 것이다.

그리고 동시에 유사한 이유들로 인해서 로마에는 "로마 상징"(Roman symbol)이 나타났다. 이것은 결국 오늘날 우리가 부르는 "사도신경"으로 발전된 신앙고백이었다. 이 신조의 목적은 영지주의와 마르시온의 가르침을 분명히 거부하고 부정하는 것이었다.

마침내 교회는 주요 교회들을 계승한 지도자들―이들은 사도들에서 시작되었다―을 열거하면서 이단에 대항했다. 이것이 사도적 계승이라는 개념의 기원이 되었다.

이 모든 것들로 인해 교회는 더욱 조직화되고 더욱 선명한 교리와 예식들을 갖게 되었다. 역사학자들은 이 시기의 교회를 초대 공동체와 구별하여 종종 "고대 가톨릭 교회"(the ancient catholic church)라고 부르며, 그 기원을 2세기의 마지막 수십년 간에 두고 있다.

변증론자들 이후에 최초의 위대한 신앙 교사들―예를 들면 이레니우스(Irenaeus), 터툴리안, 알렉산드리아의 클레멘트, 오리겐, 씨프리안과 같은 사람들―이들은 자신들의 활동 내용들을 썼으며, 이 내용들은 오늘날까지도 영향을 미치고 있다.

이레니우스, 터툴리안, 클레멘트는 2세기 후반에 살았다. 이레니우스는 원래 소아시아에 있는 스미르나(Smyrna) 출신이었고, 오늘날 프랑스에 있는 리용에서 인생의 대부분을 보냈다. 그는 무엇보다도 특히 이단의 위협에 대처하여 그의 양떼들을 강하게 하는 것이 그의 신학자로서의 과업이라고 믿은 목자였다. 그의 신학은 독창적인 것은 아니고 그 자신의 스승들로부터 배운 것을 확고히 하는 것이었다.

이것이 최근 이레니우스에 대한 관심이 증가하는 이유이다. 그의 저서들은 우리가 초기 기독교 신학을 이해하는데 많은 도움을 준다.

터툴리안은 북아프리카의 카르타고에서 살았다. 그는 법적인 테마에 관심을 가졌다. 이교도들과 여러 이단들에 대항해서 신앙을 지키기 위해 글을 썼다. 그는 처음으로 삼위일체에 관련된 "한 본질, 삼위"(one substance, three persons)라는 공식을 사용했으며, 예수 그리스도 안에 "일 위, 두 본질"(one person, two substances)이라는 개념을 처음으로 사용했다.

알렉산드리아의 클레멘트는 저스틴처럼 기독교 신앙과 그리스 철학과의 관계를 찾으려고 했다. 그리고 3세기 초에 오리겐은 그를 따랐다.

오리겐은 다재다능한 작가였으며, 철학적 사색에 더 많은 관심을 기울였다. 그가 죽은 후 그의 많은 극단적인 가르침들을 교회가 거부하고 정죄하였지만, 그리스어를 사용하는 신학자들 대부분은 오랫동안 그를 추종했다.

 카르타고의 감독인 씨프리안은—카르타고는 터툴리안이 이전에 살았던 곳—249년 데키우스 황제 치하에서 박해가 일어나자 도망가서 숨어 지내면서 교회의 활동을 계속해서 지도하기를 바랬다. 그는 그 뒤 258년의 박해 때 순교를 하지만, 그 전에 박해가 약해진 후 지난 번 도망갔던 일로 비난을 받았다. 이러한 이유들로 인해서 씨프리안이 그의 저서에서 논의한 주요 주제는 "배교자들"—박해 때에 신앙을 버렸다가 나중에 다시 교회로 돌아오고 싶어하는 사람들—에 관한 문제였다. 또한 그는 부분적으로는 다른 이유로 인해 로마의 감독과 싸웠다. 논쟁의 결과, 씨프리안은 교회의 본질과 치리에 관한 그의 생각—오늘날까지 논의되는 것들—을 발전시켰다.

 거의 동시에 배교자들의 복귀에 관한 문제는 역시 로마에서도 문제였다. 이 논쟁에서 가장 중요한 사람은 노바티안(Novatian)이었다. 그도 역시 삼위일체에 관해 글을 썼다.

 끝으로, 중요한 것은 자료가 부족함에도 불구하고 처음 몇 년 동안의 기독교인들의 예배와 매일의 생활에 대한 것들을 알 수 있다는 것을 지적하는 일이다.

 이 시기의 기독교 예배에서 주요한 예배 행위는 성찬식이었다. 이것은 즐거운 행사였다. 왜냐하면 그것은 무엇보다도 예수의 부활에 대한 축하요 그의 재림을 미리 맛보는 것이기 때문이었다. 주님이 죽은 자 가운데서 부활하신 일요일에 항상 부활의 축하로

써 성찬식을 거행하였다. 또한 위대한 천국 만찬을 기대하면서 성
찬식을 처음에는 완전한 식사 형태로 거행하였다. 후에 여러 가지
이유로 인해 빵과 포도주로 제한하여 성찬식을 거행했다. 그리고
처음부터 순교자들과 이미 죽은 기독교인들의 무덤 즉 로마의 카
타콤과 같은 곳에서 예배드리는 것이 자연스럽게 관습이 되었다.

최초로 기독교 공동체에 가입하는 예식인 세례는 또 다른 주요
한 예배 행위였다. 세례받을 사람들은 오랫동안 준비 기간을 거친
다음, 보통 부활주일에 세례를 받았다. 부활절이라는 커다란 행사
가 있기 전 몇 주 동안 이미 세례를 받은 사람들도 역시 자신들의
세례 서약을 새롭게 다짐하기 위해 자신들을 준비하였다. 이것이
사순절의 기원이다.

처음, 로마제국 전역의 여러 교회에는 다양한 형태의 교회 정치
가 있었는데, "장로"(elder)와 "감독"(bishop)이라는 명칭은 거의 같
은 것이었다. 그러나 2세기 말이 되면서 집사, 장로, 감독이라는
세 가지 직분이 이미 출현하였다. 또한 특히 초기 수도원 제도에
서는 여성들을 위한 특수 성직도 있었다.

참고 도서

Dowley, *Introduction to the History of Christianity*, pp. 45-128.
González, *A History of Christian Thought*, vol. 1, pp. 29-260.
González, *The Story of Christianity*, vol. 1, pp. 1-109; 엄성옥 역, 『초

대교회사』.

McManners, *The Oxford Illustrated History of Christianity*, pp. 21-61.

Marty, *A Short History of Christianity*, pp. 15-94.

Shelley, *Church History in Plain Language*, pp. 15-102.

Walker, *A History of the Christian Church*, pp. 5-125.

제2장

기독교 제국

밀라노 칙령(313)에서
마지막 서로마제국 황제의 몰락(476)까지

콘스탄틴 황제의 "개종"과 함께 모든 것이 급격하게 변했다. 박해받던 교회는 처음으로 공인받은 교회가 되었으며, 결국에는 로마 제국의 국교가 되었다. 그 결과 그 이전에는 대개 사회의 하층민들로 구성되었던 교회에 귀족들이 들어오게 되었다.

콘스탄틴의 "개종"과 함께 나타난 것은 결국 그가 전 로마 제국을 통치하는 절대 권력을 갖게 된 점이다. 일련의 전쟁과 군사적 행동들을 통해서 콘스탄틴은 모든 경쟁자들을 물리쳤으며 제국의 주인이 될 때까지 자신의 권력을 확대했다. 비록 그는 처음부터 기독교인들에게 호의적이었지만, 그는 침상에서 숨을 거둘 때가 되어서야 비로소 세례를 받았으며, 황제로서의 직능 중의 하나인 전통적인 이방 종교의 대제사장이라는 직위를 계속 보유했다.

콘스탄틴 황제가 죽을 때까지 기독교는 아직 제국의 국교는 아니었지만(4세기 말에 가서야 가능했다), 그와 그의 후계자들의 정책은 로마제국의 종교 생활에 커다란 이정표를 남겼다. 그전까지 박해받던 교회는 이제야 명성과 세력이 증가하는 것을 느끼기 시작했다. 그러므로, 이제는 많은 사람들이 서둘러서 기독교에 입교하기 시작했다. 이들 중에는 귀족들이 많았다. 그들은 그전까지는 기독교 신앙은 무지한 사람들과 가난한 사람들에게 가장 어울리는 종교로 생각했었다.

콘스탄틴 황제의 개종은 역시 기독교 예배에 중요한 영향을 끼쳤다. 콘스탄틴 황제는 고대 도시 비잔티움이 있던 곳에 콘스탄티노플(콘스탄틴의 도시)을 세웠다. 이곳에 콘스탄틴과 그의 후계자들의 도움으로 여러 교회들을 설립하였다. 팔레스틴과 그밖의 지역에서 콘스탄틴 황제와 그의 어머니와 그리고 그의 후계자들이 또한 교회를 세웠다. 그 결과 기독교 예배는 부분적으로 법정의 관례를 모방하면서 더욱 형식적이 되었다. 또한 전형적인 기독교 건축술이 발달하기 시작했는데, 가장 대표적인 양식이 "바실리카" 풍의 교회 양식이었다.

이러한 변화에의 적응은 쉽지 않았으며, 기독교인들은 여러 가지 방식으로 반응을 보였다. 어떤 사람들은 너무나 감격해서 정부와 사회에 대해 비판적 자세를 취할 수 없었다.

아마도 기독교인들 대부분이 이러한 자세를 취했는데 이에 대해 설명하는 기록을 찾기는 쉽지 않다. 여기에 속하는 대표적인 인물로는 가이사랴 출신의 유세비우스(Eusebius of Caesarea)였다. 그는 박해 기간 동안 살아 남았는데, 정부의 새로운 정책은 그에게 하나의 기적처럼 보였다. 그의 가장 유명하고 영향력있는 저서인 『교회사』에서 그는 처음부터 하나님은 교회와 제국이 함께 걸어가는 길을 예비하셨다고 기록하고 있다. 그에게서 콘스탄틴 황제는 이러한 위대한 업적을 이룩한 "새로운 다윗"(new David)이었다. 오늘날까지 사람들이 로마 제국 치하에서 많은 박해가 일어난 원인을 제국의 입장에서 기독교의 신앙과 교회에 대해 크게 오해를 했거나 혹은 일부 사악한 황제들의 폭력적 성격때문이라고 생각하고 있는 것은 바로 유세비우스의 영향력에 기인한다.

또 다른 사람들은 사막이나 외딴 곳으로 도망가거나 수도사 생활을 했다.

비록 수도원 제도의 기원이 콘스탄틴 황제의 시대 이전으로 거슬러 올라가지만, 새로운 상황으로 인해 많은 사람들은 수도원의 이상을 추구하게 되었다. 이제는 영웅적인 순교자들의 신앙을 나타내는 것은 불가능하게 되었고, 대신에 금욕주의를 영웅시하는 모습들이 많아졌다. 즉 많은 사람들은 외부와의 단절과 명상 생활에 전념했다.

수도원 지역으로 가장 유명한 곳은 이집트의 사막과 그와 유사한 지역들이었다. 폴(Paul)과 안토니(Anthony)가 살았던 곳이 바로 이집트였다. 다른 고대 저자들은 이 두 사람의 은둔자를 수도원 창설자로 기록하고 있다.

처음에는 수도사들—수도사를 뜻하는 단어인 "monk"는 "고독"(solitary)을 의미했다—만 살았지만, 곧 자원과 가르침을 나누기 위해 다른 단체들에 가입하기 시작했다. 이렇게 해서 새로운 형태의 수도원이 탄생하였다. 이렇게 출현한 수도원의 특징은 공동생활—오늘날 "수도원"이라고 부르는 것 안에 있는—이었으며, 지금은 대개 "수도사적"(cenobitic, 그리스어에서 파생된 말로 "집단적인 생활"이라는 뜻)인 것으로 알려져 있다.

공동생활 수도원의 창설자는 파코미우스(Pacomius)였다고 전해진다. 파코미우스 이전에도 다른 수도원 공동체들이 설립되었지만, 분명한 것은 그가 이집트의 공동생활 수도원의 위대한 창설자라는 것에는 이론의 여지가 없다.

수도원 제도는 급속하게 교회로 확산되었다. 이집트의 어떤 지역에서는 수만 명의 수도사들이 있었으며 그 두 배나 되는 여성들이 수도원 생활을 추구하였다. 결국 수도원 운동은 도시의 귀족들 사이에서도 영향력을 발휘했다. 일단의 부유층 여성들이 기도와 명상과 학문 연구에 열정을 바치기 위해 조그만 공동체로 들어가는 일은 흔했다.

4세기에 이미 수도원 운동이 당시의 신학적 논쟁에 중요한 역할을 하였다. 예를 들어 수도원이 아타나시우스(Athanasius)—삼위일체론의 주창자 중의 한 사람—를 그의 적들로부터 보호하는 역할을 하였다. 수도원의 주요 주창자들 중에서 다음과 같은 중요한 지도자들이 있었다.

제롬(Jerome)은 베들레헴으로 가서 수도원 생활을 하였으며, 바실(Basil the Great)은 수도원 운동을 조직하는데 힘썼다. 그 이후부터 수세기 동안 수도원은 놀랄 정도로 유연하게 신학, 선교, 농업, 심지어는 전쟁(이것은 실제로 십자군 전쟁에서 입증되었다)과 같은 영역에서 지도력을 발휘하였다.

더구나 어떤 사람들은 간단히 기존의 교회에서 이탈하여 자신들이 진정한 교회라고 주장했다.

이러한 현상은 북아프리카—누미디아(Numidia), 모리타니아(Mauritania), 카르타고(Carthage)의 변방 지역—에서 발생했다. 이러한 분열은 배교자들—즉, 박해의 힘든 시기에 변절했던 사람들—의 복귀에 관한 신학적 근거에 있었다.

특히 논쟁의 초점은 박해 기간 동안 변절했던 성직자들이 성직 기능을 수행할 권위가 여전히 있는가에 대해서였다. 이것은 중요했다. 왜냐하면 만약 그러한 성직자들이 권위를 잃는다고 답변하면, 그들에게서 세례를 받았거나 안수받았던 사람들은 거짓되게 세례나 안수를 받은 것으로 입증되기 때문이었다. 아울러 거짓되게 안수받은 사람들의 성직 기능도 역시 무효가 되기 때문이었다.

이러한 문제를 중심으로 많은 논쟁이 있었지만 사실상 이 분열도 역시 인종적이고 사회적인 요인에 의한 것이었다. 왜냐하면 그 지역의 인구는 인종 계통에 따라 사회적 계층을 형성하였기 때문에 이 분열 자체도 계층에 따라 반응이 달랐다. 이러한 분파 중에 대표적 분파를 최고 지도자 도나투스의 이름을 따서, "도나투스파"(Donatists)—그들 자신은 그렇게 부르지 않았다—라고 불렀다.

"써쿰켈리온"(circumcellions)이라 불리는 도나투스파의 과격분자들은 특별히 더 멀리 떨어진 지역에서 강력한 영향력을 행사했으며, 기꺼이 무기로 자신들의 주장을 방어하는 무장 단체가 되었다. 로마 당국은 무력으로 써쿰켈리온을 붕괴시키려고 했지만 그들은 계속해서 7세기에 아랍에게 망할 때까지 존속했다. 이 써쿰켈리온의 행동에 제약을 주려 했을 때 그 반응으로 어거스틴은 "정의로운 전쟁"(just war)론—수세기 동안 대단히 영향력을 발휘하였으며, 지금도 여전히 일부 기독교인들이 채택한다—을 전개하였다.

또한 고대 종교를 다시 설립하여 국가와의 관계를 재설정하려는 이교도적 반응도 있었다.

콘스탄틴의 세 아들, 즉 콘스탄틴 2세(Constantine II), 콘스탄티우스(Constantius), 콘스탄스(Constans)가 그의 뒤를 이었다. 당시는 교회와 정치가 모두 혼란한 시기였다. 당시에 자신을 기독교인이며 참다운 신앙의 수호자라고 칭하는 황제들이 정치적 도구로 살인을 반복하여 사용하였다.

콘스탄틴의 막내아들인 콘스탄티우스가 죽고 그의 사촌 줄리앙(Julian)이 후계자가 되었다. 그를 보통 "배교자"로 알고 있다(사실상 그를 확신에 찬 기독교인은 아니었다고 생각하지만). 콘스탄티우스와 그의 형제들의 지지자들이 줄리앙의 일가 친척을 거의 모두 살해하였기 때문에 줄리앙은 그의 사촌들의 신앙을 좋아하지 않았다.

줄리앙은 이교를 복귀시켜 과거의 영광을 되찾아 주려고 하였다. 그는 기독교인들을 박해하지는 않았지만 그의 전임자들이 기독교인들에게 부여했던 모든 특권을 박탈했으며 기독교를 조롱하는 조치들을 취했다. 또한 그는 기독교회를 모델로 삼아 전통적인 이교를 다시 조직하려 했다. 그러나 그의 정책들은 성공하지 못했다. 그가 죽고 난 후 그가 하려 했던 개혁들은 폐기되었기 때문이다.

가장 유명한 기독교 지도자들의 사회적 위치가 중류층으로 떠올랐다. 그들은 계속해서 도시에 살면서 비판적 자세로 사회생활을 하였다. 그리하여 상존하는 박해의 위협에서 벗어난 교회는 가장 위대한 교사들을 배출하였다. 이 시대에 위대한 신학 논문들이 산출되었을 뿐만 아니라 위대한 영성에 관한 중요한 저작들과 최초의 교회사가 형성되었다.

알렉산드리아의 아타나시우스(Athanasius of Alexandria)는 니케아 회의(325년, 아래를 보라)의 결정들을 열렬히 지지했다. 그 결과 그는 그 결정을 철회시키려는 제국의 권력자들과 충돌하게 되었으며 당시의 정치 세력이 바뀔 때마다 반복적으로 유배를 갔다. 아마도 그의 위대한 공적은 니케아 신조—"호모우시오스"(homoousios, 동일본질)—를 주장하는 사람들과 니케아에서 정죄한 아리우스주의(Arianism)를 배격하기 위해 또 다른 신조—"호모이우시오스"(homoiousios, 유사본질)—를 지지하는 사람들 사이에서 하나의 일치점을 만들어 내려고 했던 것이다(아리우스 논쟁에 대해 이 장의 뒤에서 요약할 것이다).

가이사랴의 바실(Basil of Caesarea, 330년경-379), 닛사의 그레고리

(Gregory of Nyssa, 334년-394), 그리고 나지안주스의 그레고리(Gregory of Nazianzus, 329/30년-390) 등의 "위대한 갑바도기아인들"(Cappadocians) 이 그의 업적을 계승하였다. 역사가들은 바실의 누나인 마크리나(Macrina)와 닛사의 그레고리를 항상 기억하지는 않았다. 그럼에도 불구하고 마크리나는 동생들의 생애에 중요한 역할을 했으며, 그들을 통해서 교회의 안정에 큰 영향을 미쳤다.

바실(Basil the Great)은 가이사랴의 감독이었으며 그의 저작들 중에 성령에 관한 중요한 논문이 있다. 그의 동생 닛사의 그레고리는 무엇보다도 신비주의자였다. 이들 형제의 친구인 나지안주스의 그레고리는 유명한 설교가였다. 이 사람의 가장 유명한 저작은 『삼위일체에 관한 다섯개의 신학연설』(Five Theological Orations on the Trinity)이다. 콘스탄티노플 회의(381년)가 삼위일체론을 확실하게 인정할 때까지 이 갑바도기아인들은 함께 일하면서 아타나시우스의 삼위일체론을 계속 다듬었다.

암브로즈(Ambrose)는 사람들의 예상과는 달리 밀라노의 감독으로 선출된 고위 정부 관리였다. 그는 처음에는 아리안주의를 지지하는 황후 저스티나(Justina)와, 그리고 나중에는 황제 테오도시우스의 잔인성을 비판하면서 계속 충돌하였다. 암브로즈의 설교는 어거스틴의 회개에 도움을 주었다. 존 크리소스톰(John Chrysostom)—"황금의 입을 가진 자"—은 전시대를 통틀어 가장 유명한 설교가 중의 한 사람이었다. 그는 안디옥 출신으로 콘스탄티노플의 교구장이 되었다. 그는 콘스탄티노플에서 권력자들이 저지르는 불의한 행동들을 공격했고, 그 결과 유배지에서 죽었다.

제롬(Jerome)은 고전 문화에 매우 조예가 깊었다. 그는 팔레스틴에서 수도사로 지냈다. 그의 주요한 공적은 성서를 당시의 라틴어로 번역한 것이었다. 『불가타역』(the Vulgate)으로 알려진 번역본은 중세 동안 서유럽 라틴계 사람들의 성서가 되었다.

끝으로 힙포의 어거스틴(Augustine of Hippo)은 북아프리카에서 태어나서 어린 시절을 보냈다. 그의 어머니 모니카는 어거스틴을 기독교인으로 만들기 위해 대단한 노력을 기울였다. 그러나 어거스틴은 마니교(Manichaeism)—마니교는 영지주의와 마찬가지로 이중적 사고 체계를 가졌다—의 추종자가 되어 마니교의 교리를 공부하였으며, 나중에는 신플라톤주의자가 되었다. 그러나 그는 마침내 회개하고 밀라노에서 세례를 받았다. 여기서 그는 수사학을 가르쳤고, 수도사처럼 살기 위해서 아프리카로 돌아갔으나 얼마 지나지 않아 힙포의 감독이 되었다.

감독으로서 어거스틴은 마니교, 도나투스주의, 그리고 펠라기안주의(Pelagianism)를 비판하는 글을 썼다. 이중 펠라기안주의는 인간의 의지로 구원을 얻는다는 점을 강조했다. 도나투스주의를 비판하면서 어거스틴은 자신의 교회론과 정당한 전쟁론을 발전시켰다. 펠라기안주의를 비판하면서 은총론과 예정론을 발전시켰다. 그리고 이교도들이 로마가 고트족에게 망한(410년) 이유가 로마가 고대 신들을 버리고 기독교로 개종했기 때문이라고 주장했을 때, 어거스틴은 그의 저서 『하나님의 도성』(The City of God)에서 그러한 주장을 반박했다. 그는 『고백록』에서 어떻게 하나님이 어거스틴을 인도하여 기독교인이 되게 하였는지를 설명하고 있다. 이 책은 기독교 문학작품 중에서 가장 많이 읽히며 가장 영향력있는 책이 되었다.

어거스틴이 사망한 430년에 반달족들이 힙포를 에워쌌는데, 이것은 고대 문명이 산산 조각나고 새로운 시대가 시작되고 있는 조짐이었다.

그러나 또한 이 시기에 격렬한 신학 논쟁들이 나타났다. 특히 아리우스주의와 삼위일체 교리에 관한 논쟁을 해야 했다.

우리는 이미 도나투스주의와 펠라기안주의를 중심으로 한 논쟁에 대해 언급했다. 그러나 아리안주의를 중심으로 한 논쟁만큼 광범위한 논쟁은 없었다. 이 논쟁은 알렉산드리아에서 시작하였으나 곧 전체 교회에 파급되었다.

아리우스(Arius)는 알렉산드리아의 장로였다. 예수 안에 현현한 말씀은 비록 창조 이전에 이미 존재하였지만 바로 "참 하나님의 하나님"이 아니며 단지 모든 피조물 중의 만물에 불과하다고 주장하였다. 그에 의하면 유일한 "아버지"는 영원한 반면에 "아들"과 "말씀"은 영원하지 않다. 아리우스와 그의 추종자들은 이러한 논리를 주장하면서 하나님의 불멸성과 기독교인의 유일신 사상을 보존하려고 하였다.

이것에 대한 반대자들은 교회가 참 하나님이신 그리스도에게 예배드리는 것은 옳은 것이며, 우리가 '우리 주 그리스도'라 부를 수 있는 이유는 그리스도가 하나님이시기 때문이라고 주장했다.

논쟁의 결과 콘스탄틴은 전체 기독교의 감독 회의를 소집했다. 이 모임 또는 공의회가 니케아에서 325년에 개최되었으며 보통 "제1차 에큐메니칼 공의회"(First Ecumenical Council)라 부른다. 니케아 회의는 아리우스파들을 정죄하였고 지금도 모든 교회에서 사용하는 "니케아 신조"(Nicene Creed)를 발표하였다. 그러나 이 논쟁은 끝없이 지속되었다. 많은 사람들은 성부와 성자를 등식화 시킨 니케아 회의의 결정에 불만을 표시했다. 게다가 정치 권력의 변화는 이 논쟁을 더욱 치열하게 했다.

바로 이러한 상황 때문에 신학자들 예를 들면 아타나시우스와 갑바도기아 신학자들은 유일신주의에 대응하면서 동시에 아리우스주의를 반박하는 논리와 신조를 추구하였다.

결국 제2차 에큐메니칼 공의회(콘스탄티노플, 381년)에서 아리우스주의를 다시 한번 확실하게 정죄하고 삼위일체론을 인정했다. 그때까지 아리안주의는 이미 주변 "야만인"들에게 침투하였다. 그러므로 나중에 이 야만인들이 서로마 제국을 침입하였을 때 아리우스주의는 다시 한번 교회의 안정을 위협하는 중요한 문제거리가 되었다.

이 시대는 "야만인들"의 침략으로 끝났다. 이 야만인들은 게르만족들로서 로마제국을 침략하여 제국의 영토 안에 정착하였다. 410년에 고트족이 로마를 침략하였고, 476년에 마지막 서로마 황제(로물루스 아우구스투스)가 폐위되었다.

로마의 몰락으로 고대가 끝나고 중세가 시작되었다. 이것은 아마도 로마제국의 몰락을 알리는 가장 극적인 이야기이지만 사실상 몰락은 수 세대에 걸쳐서 진행되었다. 4세기 말엽 이미 로마 군단은 더 이상 게르만족들의 침략 시 국경을 방어할 수 없었다. 로마의 몰락은 극적이었지만 몰락을 알리는 신호들은 계속되었다. 마지막 로마 황제가 폐위될 때까지(476년) 세계는 인식하지 못했다.

비록 이것이 서로마 제국의 마지막이었지만, 동로마 제국은 계속해서 천년을 더 존속하였다. 그러나 서유럽에서조차 기독교 제국의 이상은 사라지지 않았다. 계속 교회사 안에서 우리는 로마제국을 회복시키려는 시도들을 보게 될 것이다. 그리고 더 중요한 것은 최근까지도 콘스탄틴과 그의 후계자들이 취했던 방식대로 교회와 국가가 계속해서 협력했다는 것을 알게 될 것이다.

참고 도서

Dowley, *Introduction to the History of Christianity*, pp. 130-78.

González, *A History of Christian Thought*, vol. 1, p. 261 to vol. 2, p. 55.

González, *The Story of Christianity*, vol. 1 엄성옥 역, 『초대교회사』.

McMnners, *The Oxford Illustrated History of Christianity*, pp. 62-91.

Marty, *A Short History of Christianity*, pp. 97-103.

Shelley, *Church History in Plain Language*, pp. 103-78.

Walker, *A History of the Christian Church*, pp. 124-217.

제3장

중세의 초기

로물루스 아우구스투스(Romulus Augustus)의
몰락(476)에서 동·서 교회의 분열(1054)까지

로마 제국이 그 이전에 두개의 영역(라틴어를 사용한 서로마 제국과 그리스어를 사용한 동로마 제국)으로 분열되었기 때문에, "야만인들"의 침략은 모든 기독교 제국 내에 똑같은 방법으로는 영향을 미치지 못했다. 그들은 그리스어를 사용하는 기독교 제국과 동방교회 보다는 라틴어를 사용하는 서방교회에 더 깊은 영향을 미쳤다.

라틴계 서방 제국(오늘날 스페인, 프랑스, 이탈리아 등)은 혼란의 시대였다. 이 제국은 몰락하고, 수많은 야만인 국가들이 차지하였다.

로마 제국의 몰락은 내부와 외부의 많은 원인 때문이었다. 분명한 것은 4세기와 5세기에 다뉴브 강과 라인 강 너머에 살던 게르만족들(로마인들이 "야만인들"이라고 불렀음)이 계속적으로 압력을 가했다는 것이다. 그들 중 몇몇 게르만족들은 무력으로 제국

내로 침입해 온 반면에, 다른 게르만족들은 동맹자로서 또는 거주자로서 초대를 받았다. 그 결과, 5세기 말 무렵에 제국을 침략한 부류와 이것을 방어하려고 한 부류는 대개 모두 게르만족계였다.

제국 내로 이동해 왔던 몇몇 게르만족들은 결국 제국의 특정 지역에 거주했으며, 그곳에 자신들의 왕국을 세웠다. 그들은 자신들의 왕국이 종종 고대 제국의 일부라고 선언했지만, 사실상 독립국가였다.

반달족들이 스페인을 침략하고 결국에는 북아프리카에 왕국을 세우기 위해 지브롤터 해협을 건너갔다. 그들은 그곳을 근거지로 삼아, 455년에는 로마를 포위한 것을 포함해서 제국의 여러 곳을 공격했다. 반달족이란 아리우스파였고, 그들은 정통 기독교인들을 박해하였다. 비잔틴 제국(즉, 콘스탄티노플이 수도였던 동로마 제국)이 533년에 그 지역을 재탈환함으로써 반달왕국은 사라졌다.

스페인에 정착한 주요 게르만족은 톨레도에 수도를 건립했던 서고트족이었다. 이들 역시 아리우스파로서, 몇몇 왕은 동방 정교회와 가톨릭교도들을 박해했다. 그러나 589년에 리카르드(Recared) 왕은 가톨릭 신앙으로 개종하였다. 서고트 왕국의 가장 유명한 신학자는 리카르드 왕과 동시대인인 세빌레의 이시도르(Isidore of Seville)였다. 이 왕국은 무어인들이 스페인을 침략하여 고트족 마지막 왕인 로드릭(Roderick)을 물리치면서 사라졌다.

갈리아 지역에 정착한 게르만족은 프랑크족이었다. 그 결과 이 지역은 오늘날 "프랑스"라고 불린다. 프랑크족들이 정착했을 때, 그들은 이방인이었다. 그러나 곧 그들은 그들이 지배한 기독교인들의 영향을 받았으며, 496년에는 클로비스 왕이 가톨릭 교인으로 세례를 받았다. 그 결과 그의 백성들도 세례를 받았다. 2세기 후 투르(Tours) 또는 포에티에 전쟁(Poitiers, 732년)에서 유럽으로 진출하는 이슬람을 저지시킨 것은 바로 이 프랑크왕국이었다. 800년에 로마 황제로 즉위한 샤를마뉴는 프랑크 왕국의 왕이었다.

앵글로족과 색슨족은 영국(Great Britain)의 로마화된 지역에 정착하였다(북쪽, 지금의 스코틀랜드 지역의 픽트족과 스코트족은 로마인들에 의해 정복되지 않았다). 그때까지 영국 출신의 선교사 성 패트릭(St. Patrick)은 아일랜드의 대부분 지역에서 기독교로 개종시켰으며, 이 지역은 선교의 중심지가 되었다. 그래서 앵글로족과 색슨족에게 파견된 몇몇의 초기 기독교 선교사들은 아일랜드 출신이었다. 그러나 다른 사람들은 유럽 대륙에서 왔으며, 그들중 가장 유명한 사람은 캔터베리의 어거스틴(Augustine of Cantebury)이었다. 교황 그레고리 대제(590-604)가 파송한 그는 영국 기독교와 대륙의 기독교 사이의 관계를 유지하는 임무를 맡았다.

이탈리아는 몇몇 게르만족들의 침략을 받았다. 마지막 서로마 황제를 476년에 허룰리족의 왕 오도아케르(Odoacre of the Heruli)가 폐위하였으나, 허룰리족은 곧 동고트족에게 정복당했다. 동고트족이 아리우스파였기 때문에 가톨릭이나 동방정교회는 그 통치 아래서 고통을 겪었다. 바로 동고트족의 통치를 받던 시기에 그 당시의 가장 유명한 사상가였던 보에티우스(Boethius)는 사형에 처해졌다(524). 그 후 비잔틴은 동고트를 물리치고 그 지역을 차지했다(562). 그러나 그 시기는 너무 짧았는데 그 이유는 568년에 롬바르도족(역시 아리우스파)이 침략해 왔기 때문이다. 이 사건으로 인해 교황들은 프랑크 왕국에 도움을 청하였고 그 결과 교황과 프랑크왕 사이의 동맹이 이루어지게 되었다.

이 시대는 고통과 죽음과 무질서의 시기로서, 기독교 예배는 주님의 부활과 승리를 노래하기보다는 죽음과 죄악과 회개에 더 많은 관심을 가지기 시작했다. 따라서 성만찬은 이전까지는 축제였지만 이제는 장례 의식이 되었다. 이 장례 의식에서 사람들은 주님의 승리보다는 자신의 죄악에 더 많은 생각을 하게 되었다.

많은 고대 문화가 사라졌으며, 이것을 그나마 조금이라도 보존한 유일한 곳은 교회였다. 이러한 이유 때문에 혼란 속에서도 수도원과 교황직이 중요한 역할을 하면서 교회는 더욱 강력해지고 훨씬 큰 영향력을 행사하게 되었다.

서구의 초기 수도원에서 훌륭한 인물은 성 베네딕트(St. Benedict)였다. 그는 몬테카시노 공동체를 건립하였으며, 앞으로 수세기 동안 서구 수도원이 나아갈 길을 제시한 규칙을 529년에 만들었다. 베네딕트 규칙의 기본 원칙들 중에는 육체적 노동과 순종·순결·청빈·안정에 관한 서약이었다. 여기서 정주(stability)는 수도사들이 한 수도원에서 다른 수도원으로 마음대로 옮길 수 없도록 하기 위해서였다. 이외에도 베네딕트는 하루에 여덟번 함께 모여서 기도

하고 성서와 다른 영감을 북돋우는 책들을 읽는 규정을 두었는데, 이것이 현재의 전통적인 기도자의 "일과"(hours)이다.

곧 베네딕트 수도원 제도는 서유럽 전역으로 퍼져 나갔으며 다양한 환경에 놀랄만한 적응을 보여주었다. 이리하여 수도사들은 가르치는 사람이면서 고대 사본의 필기사(copyist), 약제사(druggists), 농업가(agriculturist), 선교사였다.

이 기간에 교회의 두번째 대들보는 교황제도였다. "교황"이라는 칭호는 오랜 기간 변화의 과정을 겪은 결과, 정확히 누가 첫번째 "교황"이었는지 말할 수는 없다— "papa"라는 단어는 존경을 뜻하는 개념이었고 처음에는 알렉산드리아의 아타나시우스나 카르타고의 씨프리안과 같은 존경할 만한 감독에게 부여하였다. 로마의 감독들이 그러한 칭호를 받게 되었을 때도 여전히 다른 지역의 감독들에게도 이 칭호는 부여되었다—혼란의 시기에 교황제도는 어느 정도 안정을 주었으며, 그 결과 더 많은 권위와 세력을 갖게 되었다.

이 장의 끝에서 언급하겠지만 교황 레오 1세(Leo the Great, 440-461)는 그리스어권의 교회를 분열시키는 기독론 논쟁을 중재하였고 또 훈족의 왕 아틸라(Attila)를 실질적으로 로마의 관문에서 멈추게 한 장본인으로 보고되기도 하였다.

교황 그레고리 1세(Gregory the Great, 590-604)는 로마 주민의 건강과 복지를 책임있게 관리한 것 이외에도, 스페인 왕 리카르드를 도와 스페인이 가톨릭 신앙으로 회복하도록 중재했다. 그는 어거스틴을 영국으로 파송하였고 서유럽 전역에 베네딕트 수도원 제도를 전파하는데 가장 많은 도움을 또한 주었다. 그는 많은 저작을 남겼는데, 중세에 히포의 어거스틴―영국의 선교사 켄터베리의 어거스틴보다 2세기 앞서 살았던 신학자로서 전자와 혼동해서는 안된다―의 신학을 읽고 이해할 수 있었던 것은 주로 그의 저술을 통해 가능했다. 그러나 그가 후손들을 위해 남겨준 저술의 많은 부분은 무지와 미신이 판치는 시대에 저술된 것으로써, 실제로는 전설에 불과한 것이었는데 독자들이 다만 역사적 사실이라고 오해했을 뿐이었다.

그의 후계자들은 롬바르도족과 콘스탄티노플의 기독교 황제들과 충돌을 하였으며, 그 결과 프랑크족과 더욱 가까운 관계를 맺게 되었다. 마침내 800년에 교황 레오 3세는 프랑크족의 왕 샤를마뉴에게 황제의 관을 씌워 주었다. 이리하여 적어도 이론상으로는 고대 서로마 제국이 다시 부활했는데, 그것은 교황권의 덕분이었다.

그러나 곧 교황권은 급속히 몰락의 시기로 접어들었다. 샤를마뉴와 그의 후계자들의 치하에서 발생한 단기간의 르네상스는 사라졌고, 교황권은 다시 힘있는 로마 가문들의 야심의 희생양이 되었다. 몇몇 교황들은 살해되었으며, 그 중에는 분명히 그의 후계자가 살해한 것들도 있었다. 더욱이 때로는 교황의 자리를 요구하는 자도 있었고, 어떤 때는 15살의 교황이 나타나기도 했다.

이 시기가 끝나갈 무렵 힐데브란트 수도사(그레고리 7세란 이름으로

1073년에서 1085년까지 교황이었다)가 이끄는 운동으로 교황청은 한때 다시 개혁을 위한 노력에 앞장서 나갔다.

한편 동방의 로마제국(지금은 비잔틴 제국으로도 불림)은 천년간 더 지속하였다. 이곳에서 국가는 교회보다 훨씬 더 힘이 있었으며, 종종 국가의 의지대로 교회를 움직이곤 하였다. 여기서는 또한 기독론의 이해를 돕는 중요한 신학 논쟁들이 있었다.

게르만족의 침략으로 서방세계가 혼란하게 되었을 때, 동방에서는 고대 문학과 지식이 여전히 개발되었다. 서방보다는 동방에서 훨씬 더 신학적 움직임이 있었기 때문에 여러 논쟁들 특히 기독론을 중심으로 나중에는 기독교 예배시 성상(image)의 위치에 대한 논쟁들이 일어났다.

기독론 논쟁은 하나의 개체인 예수 그리스도가 어떻게 신이면서 동시에 인간일 수 있는가에 대한 문제를 다루었다. 이미 콘스탄티노플 공의회(제2차 에큐메니칼 공의회, 381년)에서는 신의 말씀이 인간의 이성을 대리한 결과 예수의 인간성은 육체적으로는 완전하나 그의 정신은 실질적으로 신적이라고 주장한 아폴리나리스(Apollinaris)의 해설을 배격하였다. 이어서 다른 네 곳의 공의회에서 기독론의 쟁점을 한층 더 다루었다.

(1) 제3차 에큐메니칼 공의회가 431년에 에베소에서 개최되었다. 여기서 그리스도 안에 두 개의 본질과 두개의 위격(persons) 그리고 하나의 신성과 하나의 인성이 있다고 주장하는 네스토리우스를 정죄하였다. 마리아를 "하나님의 어머니"(theotokos) 또는

"생산자"(bearer)라고 부르는 것이 적절하다고 인정한 것도 이 공의회였다.

(2) 제4차 에큐메니칼 공의회는 451년 칼케돈에서 개최하여, 단성론(Monophysism)—이 교리는 인간적인 것은 신성 속으로 흡수되기 때문에 그리스도 안에 오직 하나의 신적 본질만이 있다고 주장했다—을 정죄했다. 이 공의회는 그리스도안에 오직 하나의 위격(person)에 두개의 본질(nature)이 결합되어 있다는 것에 동의했다. 이 교리는 오늘날까지 대부분의 교회에서 받아들여지고 있다.

(3) 제5차 에큐메니칼 공의회(553년, 제2차 콘스탄티노플 회의)는 세 명의 네스토리안파의 저작들—소위 "3개의 장"(Three chapters)—을 정죄하였다.

(4) 제6차 에큐메니칼 공의회(제3차 콘스탄티노플 회의, 680-681)는 하나의 위격 안에 두 개의 본질이 결합되어 있지만 그리스도안에는 오직 하나의 의지가 있다는 "단의론주의"(Monothelism)을 정죄했다.

이러한 논쟁들을 벌이거나 모든 사람들이 인정할 수 있는 하나의 신조(formula)를 찾으려는 노력은 제국 당국자들의 반복적인 개입 때문이었다. 이들은 모든 기독교인들이 교리 문제에 동의하기를 원했고 그 결과 그들은 종교적 문제에서 뿐만 아니라 다른 문제에 있어서도 제국의 정책을 유지하려고 했다.

이 시기의 큰 논쟁은 성상(images)의 문제였다. 몇 명의 황제들이 성상 사용을 반대하는 교서를 발표했다. 그러나 많은 사람들, 특히 수도사들은 성상 사용을 주장했다. 마침내 오랜 논쟁 끝에 제7차 에큐메니칼 공의회(제2차 니케아 회의, 787)에서 엄격한 의미에서 숭배는 하나님에게만 해당하지만 성상이나 초상은 존경받을만한 가치가 있다고 선언했다. 이러한 논쟁은 대개 동방에서 일어났지만 서방에서도 감지하였다. 한동안 서방에서는 이 공의회의 결정을 심각하게 반대하였다.

이러한 논쟁들의 결과로 오늘날까지 존속하는 많은 의견을 달리하는 혹은 독립 교회들이 나타났는데, 이 교회들을 보통 "네스토리안"(Nestorian)과 "단성론자들"(Monophysite)이라고 부른다.

에베소 공의회의 결정을 거부한 "네스토리안들"은 특히 페르시아에서 세력이 강했다. 그곳에서 그들은 아라비아, 인도, 중국에까지 퍼져나갔다. 오늘날 이들의 중심지는 이란, 이라크, 시리아 등이다.

"단성론자들"은 아르메니아, 이집트, 이디오피아, 시리아에서 세력을 얻었다. 아르메니아는 콘스탄틴 황제 훨씬 이전에 기독교를 받아들였다. 칼케돈 공의회를 소집하였을 때, 아르메니아는 페르시아의 침략을 당하고 있었기 때문에 대표를 파견할 수 없었다. 로마 제국이 아르메니아를 방어해주러 오지 않은 그때 이후로 아르메니아인들은 로마 제국과 관계된 것들을 대단히 불신하였다. 따라서 그들은 비잔틴식의 기독교 이해를 거부했고 단성론자가 되었다. 나중에 아르메니아인들은 박해를 받았고 전 세계로 흩어졌으며 그 결과 현재 서유럽을 포함한 여러 지역에 아르메니아 기독교인들이 살고 있다.

이집트의 콥트인들, 즉 고대 이집트인들의 후예들 역시 정치적·사회적 이유 등으로 칼케돈 공의회의 결정을 거부하였다. 그들은 로마 당국과 칼케돈 정통파를 대표하는 그리스인들의 압박을 받고 있다고 느꼈다. 그 결과 오늘날까지 콥트 교회는 칼케돈 공의회의 결정을 거부하고 있으며 따라서 다른 사람들이 그들을 가리켜 "단성론자"라고 부른다.

이디오피아의 교회는 4세기에 이집트 선교사들이 설립하였다. 이집트가 단성론(Monophysism)의 가장 중요한 중심지 중의 하나이므로 이디오피아인들 역시 그 교리의 지도를 따랐다.

콥트인들과 유사한 이유 등으로 인해 많은 시리아인들이 칼케돈 공의회의 결정을 거부하였고, 또 자신들과 의견을 달리하는 사람들로부터 "단성론자"라고 불리면서 콥트인들과 같은 입장을 취했다. 그들의 선교 영역은 마침내 인도까지 퍼져 나갔다. 오늘날 이들은 이들의 위대한 선교사이자 창설자인 야코브스 바라데우스(Jacobus Baradaeus)를 기리며 "야곱파"(Jacobites)로 불린다.

이 시대의 중기에 이르면서 이슬람이 교회에 대한 새로운 위협 세력으로 나타났다. 이슬람은 당시까지 교회의 중요한 거점이었던 광대한 영토와 도시들—예루살렘, 안디옥, 알렉산드리아, 카르타고 등—을 정복하였다.

모하메드는 610년에 자신의 종교 인생을 시작했다. 622년에는 메디나로 도망을 갔으며, 회교도들은 622년을 새로운 시대의 시작으로 여긴다. 모하메드가 10년 뒤에 죽을 무렵 그는 이미 아라비아의 대부분을 정복한 상태였다.

그의 후계자들은 군사적 팽창이라는 모하메드의 정책을 계속 유지했다. 거의 믿을 수 없을 정도의 속도로 이슬람은 고대 페르시아 제국을 정복했으며, 이곳으로부터 경계선을 인도의 접경지까지 확대했고, 또한 로마 제국의 중요한 지역들을 정복했다: 다마스커스(635), 안디옥(637), 예루살렘(638), 알렉산더(642), 카르타고(695), 그리고 스페인(711)까지. 끝으로, 프랑크 족은 모하메드가 사망한지 100년 뒤인 732년에 투르 혹은 포에티에 전쟁에서 서유럽으로 들어오는 이슬람의 침략을 종식시켰다.

이러한 정복으로 인해 서유럽에서는 무역과 학문들에 불행한 영향을 미쳤다. 심지어는 고대 지식의 근원과 단절될 정도였다. 한동안 비잔틴 제국은—회교 세계가 그러한 지혜를 자기 것으로 소화하여 비잔틴 제국보다 더 깊이 발전시킬때까지—고대 지혜의 주요한 상속자가 되었다.

그 결과 기독교는 그전까지는 주로 지중해를 가로지르며 동서의 축의 중심으로 존재해 왔지만 이제는 프랑크 왕국에서 로마까지 즉, 북에서 남으로 이어지는 새로운 선을 중심으로 활동하기 시작하였다. 그러나 비록 이곳 서방에서 교회가 매우 강력한 것처럼 보이지만, 사실상 교회는 주위의 혼란—그리고 어느 정도 교회 자체 내의 불일치가 이 혼란을 부채질했다—을 진정시키기에는 힘이 부족했다. 이러한 혼란에 대한 대책으로 "봉건제도"(feudalism)라는 새로운 체제가 형성되었다. 이 제도에서 각각의 봉건 영주는 자신이 원하는 대로 전쟁을 일으켰고 때때로 심지어는 약탈을 하기도 하면서 자신의 정책을 추구하였다.

샤를마뉴(카알 대제)와 그의 후계자들은 그들의 통치하에 있는 지역에 어느 정도의 질서와 번영을 누리게 하였다. 학문의 발달과 수도원의 부흥도 있었다. 그 결과로서 또한 새로운 주체적 신학 활동도 있었는데 이것은 예정론, 영원한 마리아의 처녀성, 영혼의 본질 그리고 성례전에서의 그리스도의 임재 등과 같은 주제들을 둘러싼 일련의 논쟁 속에서 나타났다.

그러나 이 부흥운동('카롤링거 르네상스')은 오래 지속되지 못했다. 부분적으로는 이슬람의 침략 때문에 유럽 경제는 수축되었고 무역은 감소했다. 화폐는 사실상 사라졌다. 이제 부의 유일한 원천과 표현은 땅이었다. 그 결과 봉건제도가 나타났다. 이 제도에서는 왕국이나 다른 연방들(large states) 대신에 "영주들"이 땅을 나누어 가졌으며, 그들은 차례로 그들의 가신들에게 그것을 나누어 주었다. 각 가신은 몇몇의 다른 주군들에게 충성을 바쳤으며, 봉건영주들 사이의 전쟁은 일상사가 되었다.

그 결과 무역 감소가 증가했으며 늘 예기치 못한 전쟁과 여러 영주들이 자신의 영지를 지나는 상품들에 부과하는 세금으로 무역은 더욱 억제되었다.

교회에게 그것은 또한 처절한 시기였다. 많은 감독들은 봉건영주가 되어 다른 영주들만큼이나 활발하게 교묘한 음모와 전쟁에 가담했다. 이제 교회는 하나의 정치 세력이 되었고 그 결과 자신의 도덕적 영적 권위를 많이 상실했다.

동방에서는 여전히 어느 정도 질서가 잡혔고 고대의 지식과 문학이 가장 잘 보존되었다. 그러나 비잔틴 제국의 옛 수도인 콘스탄티노플은 계속해서 영향력을 상실하고 있었다. 비잔틴 기독교의 가장 큰 성과로는 보통 988년으로 기록되는 러시아의 개종을 들 수 있다.

이슬람교도들의 침략 결과, 비잔틴 제국은 아프리카의 모든 영토와 아시아의 대부분의 영토를 잃었다. 따라서 동방교회의 선교사들과 비잔틴 제국의 외교관들은 대개 북으로 즉 중부 유럽과 러시아로 밀려났다. 비잔틴인들은 중부 유럽에서 자신들의 지배권을 확립하려고 했지만, 대부분의 경우 그 땅들은 콘스탄티노플 보다는 로마교회와 관계를 맺고자 했다.

이러한 사실의 유일한 예외는 불가리아와 러시아였다. 불가리아의 개종은 9세기 말경에 발생했고, 러시아의 개종은 950년에 기독교인이 된 올가 여왕(Queen Olga)과 그의 아들 블라디미르(Valdimir)의 추진으로 이루어졌다.

동방과 서방 교회의 관계는 1054년에 결정적으로 단절될 때까지 긴장이 계속 고조되었다.

프랑크족의 지지 덕택으로 교황청은 많은 힘을 상실한 비잔틴 제국을 더 이상 필요로 하지 않았다. 그러나 마지막 분열의 직접적 원인은 필리오케(Filioque, "그리고 성자로부터")라는 단어 때문이었다. 이 단어는 서방 라틴 세계가 성령은 "성부와 성자로부터 나온다"라고 말하면서 니케아 신조에 첨부시켰던 말이다. 이 이유로(그리고 그외 다른 이유로) 포티우스(Photius) 총대주교의 시기 동안(9세기)에 하나의 분열—서방에서는 "포티우스의 분열"(the schism of Photius)로 알려져 있다—이 나타났다. 그러나 마지막 분열은 1054년에 일어났다. 그 때에 추기경 훔버트(Humbert)는 교황을 대리하면서, 콘스탄티노플의 총대주교는 이단자이며 그와 그를 대표로 하는 모든 교회가 성례전을 깨뜨렸다고 선언했다.

참고 도서

Dowley, *Introduction to the History of Christianity*, pp. 179-249.

González, A History of Christian Thought, vol. 2, pp. 56-156.

González, *The Story of Christianity*, vol. 1, pp. 221-276; 엄성옥 역, 『중세교회사』.

McManners, *The Oxford Illustrated History of Christianity*, pp. 92-195.

Marty, *A Short Histrory of Christianity*, pp. 104-112.

Shelley, *Church History in Plain Language*, pp. 179-200.

Walker, *A History of the Christian Church*, pp. 218-79.

제4장
중세의 절정기

동방교회와 서방교회의 분열(1054년)에서
교황권 몰락의 초기(1303년)까지

서방 교회는 근본적인 개혁을 필요로 하고 있었는데, 수도원 제도 안에서 이러한 움직임이 나왔다.

교회의 계급에 관한 불만, 특히 몇몇 수도원들은 교회의 도덕생활에 관한 불만을 강력하게 표출하였다. 이 시기가 시작되기에 앞서 클뤼니(Cluny)에서의 한 수도원의 창립(909년)으로부터 수도원 개혁이 시작되었다. 그 다음엔 시토 수도회(Cistercian)의 개혁이 시작되었는데, 거기에서 가장 주목할 만한 인물은 클레르보의 버나드 (Bernard of Clairvaux, 1090-1153)였다. 그러나 버나드가 활동하던 시기까지만 해도 수도원의 개혁 이상은 많은 교회들로부터, 심지어는 로마의 교황으로부터도 공감을 얻었다.

이로 인하여 방대한 개혁 프로그램이 만들어지게 되었는데, 그것은 교회로부터 지난 수세기 동안 저질러져 왔던 악폐들을 제거하는 것을 목표로 하고 있었다. 이 개혁 프로그램은 수도원들 가운데서 일어났기 때문에 수도원 제도가 지니는 여러 특징을 띠게 되었는데, 특별히 성직자의 독신, 가난, 그리고 순종 등과 같은 것들을 강조하였다. 이 개혁자들 중에는 모든 교회(혹은 최소한 교회의 성직자단)를 수도원 제도의 형태를 본딴 하나의 거대 공동체로 만드는 것을 그 이상으로 하는 이들도 있었다. 서방 교회에서 성직자의 독신이 의무조항이 된 것은 바로 이때였다.

마침내 개혁을 간절히 원했던 수도사들은 교황권을 확보하게 되었고, 그 결과 개혁적인 교황들(reformist popes)이 잇달아 배출되었다.

이 개혁을 처음으로 시작한 사람은 레오 9세(Leo IX, 1049-1054년)였다. 그의 개혁은 무자비하게 진행되었는데, 그로 말미암아 파생된 문제들 가운데 하나는 콘스탄티노플과의 불화(1054년)였다. 이것은 개혁의 시작을 알리는 특징이었다. 후대의 교황들 대부분이 그 개혁을 지지했는데, 그 개혁 운동은 그레고리 7세(Gregory VII, 1073-1085)가 교황으로 재위하던 때에 절정에 달했다. 그레고리는 성직자의 독신을 주장하였다. 그 결과로 그것에 반대하는 반란과 폭동이 여러 지역에서 발생했다. 그는 또한—교회의 지위를 사고 파는—성직매매를 정죄했다.

그러나 이로 인해 세속 권위와 교회 권위, 특히 황제와 교황사이에 다툼이 일어났다.

이러한 충돌들 중에서 최악의 경우가 교황 그레고리 7세와 황제 헨리 4세(Henry IV) 사이에서 발생했다. 그것은 "성직수여"의 문제와 관련된 것이었다. 곧 주교들과 기타의 고위 성직자들을 임명할 권리가 누구에게 있느냐 하는 문제였다. 그 충돌은 극단적인 상황으로 치달아 교황 그레고리는 황제 헨리 4세를 파문하고 말았다.

반대로 황제는 군대를 이끌고 이탈리아로 진격해 들어왔다. 카놋사(Canossa) 성에서 황제 헨리 4세와 교황 그레고리의 대결―이것은 유명한 사건이 되었음―이 이루어졌는데, 이 대결에서 헨리 4세는 교황 그레고리 앞에서 자신을 낮추었다. 이에 그레고리는 그를 용서하는 수밖에 없었다.

그러나 이 에피소드는 그러한 충돌에 그치지 않았다. 그 후 황제의 군대는 이탈리아를 침공하여 그레고리를 퇴위시키고 다른 사람을 그 자리에 앉혔다. 그레고리는 헨리의 군대로부터 간신히 도망쳐 나왔으나, 결국 망명생활을 하다 죽고 말았다.

그러나 그러한 충돌은 그레고리의 죽음에서 그치지 않았다. 황제 헨리 4세는 교황 빅토르 3세(Victor III) 및 우르반 2세(Urban II)와 다툼을 계속했다(우르반 2세는 제1차 십자군 원정을 선포했던 것으로 알려져 있음). 그 다툼의 일부 원인은 헨리 4세가 자신의 정책에 잘 따르는, 그레고리와 노선을 달리하는, 그리고 자기가 정당하다고 선언한 교황들을 취임시킬 것을 주장한 데 있었다.

그 다툼은 헨리 4세의 죽음으로도 그치지 않고, 그의 아들이자 후계자인 헨리 5세(Henry V) 통치하에서도 계속되었다. 마침내 1122년 보름스 협약(Concordat of Worms)으로 양자는 화해를 하게 되었다.

이 때가 바로 1095년에 시작해서 수세기 동안 지속된 십자군 전쟁의 시기였다.

십자군 원정은 여러 가지의 많은 이유들 때문에 일어나게 되었는데, 거기에는 경제적이며 정치적인 이유들 뿐 아니라 종교적인 이유들도 있었다. 가장 분명한 이유들로는 종교적인 것이었다. 그 종교적인 이유란 "이교적인" 이슬람교도들로부터 성지를, 그리고 특히 성묘(그리스도의 묘)를 회복하는 것; 팔레스틴의 성지들을 순례하는 것; 그리고 십자군 전사들이 자기들에게 약속된 연옥의 고통으로부터 사면을 얻는 것 등이 있었다. 경제적이며 정치적인 측면에서 볼 때, 십자군 원정은 토지를 소유하지 못한 농민들과 귀족들이 이슬람교도들로부터 땅을 빼앗고 거기에서 보다 나은 미래를 펼쳐 보겠다는 열망이 걷잡을 수 없게 분출된 결과였다. 또한 십자군 전사들은 전쟁을 좋아하는 봉건 귀족으로 하여금 그가 먼 곳에서 전쟁할 수 있도록 출구를 만들어 주었다.

제1차 십자군 원정은 1095년 우르반 2세에 의해 선포되었다. 십자군 원정의 위대한 설교자로는 은둔자 피터(Peter)가 있었다. 그는 처음으로 십자군의 물결을 일으키고, 그것을 일반대중에게 알려서 "대중적인 십자군 원정"으로 만든 사람이었다. 그 "대중적인 십자군 원정"에 참여한 사람들은 대개 농민들과 기타의 가난한 사람들이었다. 그들은 계획이나 사전 준비를 거의 하지 않은 채 짐보따리를 짊어지고 성지를 향해 출발했다. 거기에는 몇몇 분견대(分遣隊)들이 뒤따랐는데, 그 분견대들은 저마다 지도자를 두고 독자적으로 행동하였다. 그들은 많은 어려움을 겪고 콘스탄티노플에 있는 황제와의 충돌이 있은 후 마침내 1099년에 예루살렘을 점령했다. 이로 말미암아 예루살렘 라틴 왕국(the Latin Kingdom of Jerusalem)이 생겨났는데, 그것은 서유럽의 봉건제도를 본딴 것으로 1187년 예루살렘이 함락될 때까지 존속되었다.

제2차 십자군 원정이 선포된 것은 1144년 투르크(Turk)가 에데사(Edessa) 성을 함락시켰을 때였다. 이 제2차 십자군 원정을 주로 설교한 사람은 클레르보의 버나드였다. 그가 이룬 군사적 업적이란 거의 무시할 만한 것이었다.

제3차 십자군 원정은 예루살렘이 함락되었다(1187년)는 소식을 듣고 이에 대응하기 위해 시작되었다. 이 제3차 십자군 원정의 주요한 지도자들로는 황제 프레드릭 1세(FrederickIBarbarossa), 프랑스의 왕 필립 2세(Philip II Augustus), 그리고 영국의 사자 왕 리처드(Richard) 등이 있었다. 군사적으로는 영토를 조금 확장하는데 그쳤으나, 사자 왕 리처드는 술탄(투르크의 황제에 대한 명칭: 역자 주) 살라딘(Saladin)과 협의하여 기독교인들이 예루살렘을 순례하도록 허용하는 협정을 맺었다.

제4차 십자군 원정은 하나의 재앙과도 같은 것이었다. 이슬람교도들을 공격하는 대신, 기독교의 도성인 콘스탄티노플을 점령하고 약탈했으며, 거기에다 콘스탄티노플 라틴 제국(the Latin Empire of Constantinople)을 세웠다(1204-1261년). 그리고 비잔틴 제국의 교회를 콘스탄티노플의 라틴계 총대주교(Patriarch)의 지도하에 두었다.

그리하여 이론적으로는 동방교회와 서방교회의 분열이 종식되었다. 이로 인해 헬라어를 말하는 기독교들의 서방 라틴에 대한 악감정은 더욱 악화되었고, 더 나아가 비잔틴 제국은 약화되었다(그 비잔틴 제국은 1261년에 회복되었음).

제5차 십자군 원정은 에집트를 공격했지만, 겨우 다미에타 항구(the Port of Damietta)를 정복하는 데 그쳤다. 2년 후, 그 항구는 아랍인들에 의하여 다시 점령되었다. 제6차 십자군 원정과 제7차 십자군 원정은 프랑스의 왕 루이 9세(Louis IX)가 이끌었는데, 실제로는 아무런 결과도 얻지 못했다.

십자군 원정들이 가져온 결과들 가운데 하나는 군사적인 수도회들(military monastic orders)이 발달한 것이었다. 그 십자군 원정들은 무역과 지적인 생활에 영향을 주었을 뿐 아니라 그 당시의 신앙에도 영향을 주었다.

그리고 또한 스페인의 "재정복"(Reconquista)의 시기였다. 이 과정에서 무어인들이 이베리아 반도에서 축출되었다.

대부분의 이베리아 반도는 711년 이래 이슬람교도들의 통치 아래 있었다. 스페인의 코르도바(Cordoba)는 이베리아 반도와 북아프리카의 주요 지역을 통치하던 칼리프(이슬람교도들의 통치자: 역자 주)의 수도가 되었다. 그러나 11세기와 13세기 사이에, 북부의 신흥 기독교 왕국들은 자신들의 세력을 확장했다. 북아프리카로 이슬람교도들의 침공이 강화되었음에도 불구하고, 그 기독교 왕국들은 계속해서 성장해 갔다. 결국 13세기 말쯤에, 무어인의 수중에 남

겨진 것은 그라나다 왕국이 전부였다(그 왕국은 1492년까지 계속되었다).

　스페인은 서방 기독교가 이슬람교도들의 철학과 과학을 직접 다루었던 몇 안되는 지역들 가운데 하나였기 때문에, 그것은 13세기에 일어난 신학적 대각성에 중요한 역할을 했다. 기독교의 서방 세계가 아리스토텔레스의 작품들을 알게 된 것은 스페인을 통해서—그리고 또한 유사한 역사를 가지고 있던 시칠리아(Sicily)를 통해서—였다. 그런데 이슬람교도 학자들은 아리스토텔레스의 철학을 여러 세대에 걸쳐서 연구하고 토론해 왔었다.

　십자군 전쟁의 영향으로 상업이 번창했으며, 그 결과 도시들이 또한 발달했다. 왜냐하면 도시들은 무역의 중심지였기 때문이다. 일찍이 일상 생활에서 실질적으로 사라졌던 화폐가 다시 통용되기 시작했다. 이러한 사건으로 인하여 새로운 계급 즉 "부르주아"(도시 출신의 사람들)가 나타났다. 이 사람들은 처음에는 상업을, 나중에는 산업의 발달에 종사했다.

　새로운 상황에 대한 반응으로 몇 개의 새로운 수도사 단체가 나타났다. 그들 중에서 가장 유명한 것은 프란시스코회와 도미니크회였다. 이들은 구걸을 통해서 자신들을 유지하였으므로 탁발수도회라고 부른다. 이들은 선교 활동에 새로운 각성을 일으켰으며, 대학에도 또한 침투하였다.

　탁발수도회의 선구자는 왈도파의 창설자인 피터 왈도(Peter Waldo)였는데, 그는 교회 당국으로부터 거부를 당했을 뿐 아니라 정죄를 당했다.

아씨시(Assisi)의 성 프란시스코(St. Francis)는 새로운 계급인 부르주아를 대표한 상인의 아들이었다. 그는 자신이 가난이라는 여인과 결혼했다고 선언함으로써 새로운 계급에 항거하였다. 그는 자신의 주위에 수많은 추종자들을 모았을 뿐 아니라, 프란시스코 수도회에 속한 한 여성 지회(支會)를 창설하기도 했다. 그 여성 지회의 이름을 '가난한 클라라들'(the Poor Claires)이라 했는데, 그것은 성 프란시스코의 영적 자매인 성 클라라(St. Claire)를 본따 붙인 이름이었다. 교회 당국이 거부한 피터 왈도와는 대조적으로, 프란시스코는 당시의 교황 인노센트 3세의 축복 속에서 자신이 주도하는 운동을 잘 전개해 갔다.

얼마 안되어서 유럽 전역에는 수천 명에 달하는 프란시스코 수도사들이 퍼지게 되었다. 구쯔만(Guzman)의 성 도미니크(St. Dominic)는—설교자들의 수도회라고 불리기도 하는—도미니크 수도회를 창설했다. 가난 서약을 근거로 함에도 불구하고, 이 도미니크 수도회는 프란시스코 수도회와는 그 출발부터 달랐다. 그것은 도미니크 수도회는 이단을 논박하는 연구에 관심을 집중했다는 점에서 그러했다.—특히 도미니크 수도회는 초창기 몇 년 동안 프랑스 남부의 알비파(the Albigensians)를 논박하였다.

두 수도회는 모두 급속도로 성장하였다. 얼마 지나지 않아서, 도미니크 선교사들은 유대인들과 이슬람교도들에게, 프란시스코 선교사들은 이디오피아, 인도, 그리고 중국 등지로 파송되었다. 그러나 프란시스코 수도회의 운동은 성 프란시스코가 채택한 절대 가난에 관한 일련의 논쟁을 겪으면서 자체의 힘을 상실하고 말았다. 그리고 어떤 이들은 그 절대 가난을 완화시키고자 애썼다.

또한 탁발수도회는 대학에 파급되어 이른바 "스콜라 철학"으로 불리는 그 당시 신학의 지도자가 되었다.

"스콜라 철학"(Scholasticism)이란 명칭은 신학이 주로 학교들에서, 그리고 결국엔 대학들에서 발전되었다는 사실에서 유래한다. 그 스콜라 철학의 선구자들 가운데에는 캔터베리의 안셀름(Anselm), 피터 아벨라드(Peter Abelard), 빅토르파의 사람들(the Victorines), 그리고 피터 롬바르드(Peter Lombard) 등이 있었다.

안셀름은 신의 존재를 증명하기 위하여 그 유명한 『존재론적 증명』이란 작품을 저술한 사람이었다(그는 주장하기를 존재 그 자체는 신의 참된 생각 속에 들어 있다고 했다). 그는 또한 속죄 교리에 관한 논문을 발표했는데, 그는 거기에서 예수 그리스도가 하나님이시면서 사람이 되어야 했던 이유, 즉 '인간의 죄 값을 배상할 수 있도록 하기 위해서'임을 증명하려고 노력하였다.

피터 아벨라드는 엘로이즈(Eloise)에 대한 사랑으로 유명한데, 그는 『긍정과 부정』(Sic et Non)이라는 책을 썼다. 『긍정과 부정』은 여러 권위있는 견해들을 반박하는 스콜라 철학의 방법을 발전시키는 데 큰 영향을 주었다. 빅토르파에 속한 사람들(파리에 있는 성 빅토르 대수도원에 거주하는 사람들)은 지적 관심사들을 신비주의나 명상과 결합시켰다.

피터 롬바르드의 저작 『4권의 명제서』(Four Books of Sentences)는

결국 가장 스콜라적인 신학을 위한 표준 교과서가 되었다. 스콜라 철학은 모순적인 견해를 분명하게 주장하는 권위자들을 인용한 다음에 그 명백한 모순들에 의해 제기된 난제들에 대한 해답을 제시하는 방법으로 특징지어진다. 스콜라 철학은 또한 다양한 책들―대개는 성서의 책들, 또한 롬바르드의 구문들―을 주해하는 방법에 의해 특징지어지기도 한다. 마침내 스콜라철학은 대개 대학들에서 발전했는데, 그 대학들은 원래 그 시기에 유럽의 주요 도시들에 등장했던 학자들과 학생들로 구성된 조합들이었다.

스콜라철학은 프란시스코회의 보나벤추라(Bonaverture)와 도미니크회의 토마스 아퀴나스(Thomas Aquinas) 때에 절정에 달했다.

얼마 안있어 도미니크회와 프란시스코회 모두는 여러 대학들에 다 본부를 마련하고, 거기에서 학문과 헌신을 통하여 큰 역할을 했다. 그 시기(13세기)에 아리스토텔레스는 서유럽의 지적 생활 전반에 커다란 영향을 주었다. 아주 먼 옛날부터 서방은 플라톤이야말로 가장 훌륭한 철학자라는 것을 당연하게 생각했었다. 그리고 서방의 신학은 그러한 가정에 근거로 하여 행동했었다. 그러나 이제 그 아리스토텔레스 철학이 서양에 재유입되었는데, 그것은 대개 스페인을 통해서 이루어졌다. 그런데 아리스토텔레스 철학의 많은 부분은 전통 신학의 많은 요소들을 반박하는 것처럼 보였다.

그러한 도전에 직면하여 서양의 신학자들은 서로 다른 세 가지 길을 갔다. 어떤 신학자들은 아리스토텔레스가 긍정하는 것처럼 보이는 것 모두를 받아들였는데, 그들은 정통 신학의 경계를 벗어나는 위험을 무릅쓰기까지 하면서 그렇게 했다. 이들은 "라틴 아벨로우스주의자들"(Latin Averroists)로 불려졌다—아벨로우스(Averroes)는 코르도바에 살았던 이슬람교도로서 아리스토텔레스의 저작들에 대한 위대한 주석가였다.

다른 신학자들은 어떤 새로운 철학을 받아들이는 한편 전통적인 신학을 주장했고, 아리스토텔레스의 사상 가운데 전통적인 신학과 부합되는 측면들만을 받아들였다. 이런 태도를 취한 대표적인 인물은 보나벤추라였다. 이것이 13세기 내내 가장 흔히 볼 수 있는 태도였다.

소수의 사람들은 새로운 철학을 받아들이고, 본질적으로 아리스토텔레스적인 관점에서 신학을 재해석할 수 있는지 어떤지를 물었다. 이러한 방향에서 가장 위대한 업적을 남긴 사람은 신학자이자 철학자인 토마스 아퀴나스(Thomas Aquinas)였다. 그의 철학적이며 신학적인 견해는, 처음엔 교회의 성직자단 및 다른 철학자들이나 신학자들의 폭넓은 저항과 반대에 부딪혔지만, 결국엔 서양의 기독교계가 가장 널리 받아들인 견해가 되었다.

도시들의 발달로 인해 거대한 성당들이 건축되었다. 이전 교회 건축물에 지배적이었던 "로마네스크" 양식 대신에 이제는 "고딕" 양식이 각광을 받기 시작했다. 이 고딕 양식의 대성당들은 모든 시대를 통틀어 가장 인상적인 건축물이었다.

로마네스크 건축 양식은 옛 바실리카 양식이 발전한 것으로, 벽은 크고 무거운 부벽(扶壁)들로 강화되었고, 창문은 거의 없었다.

지붕은 둥근 천장으로 되어 있었는데, 종종 연이어지는 아치들로 이루어진 반원형 모양으로 만들어졌다. 그리하여 그것은 하나의 거대한 외추력(外推力)을 가지게 되었다. 벽은 두껍고 견고해야 했으므로 조명은 보통 어둠침침했다.

이와는 대조적으로 고딕 건축양식은 가능한 돌을 가볍게 보이도록 노력했다. 지붕의 둥근 모양은 뾰족한 아치들로 이루어졌는데, 그 아치들은 서로를 가로지르고, 부벽(扶壁)과 주(主) 건물을 연결하는 벽받이들에 의해서 지탱되는 원주들 위에 걸치도록 되어 있었다. 즉, 벽으로부터 약간의 거리를 두고 지지물들이 설치되었는데, 이것은 아치들에 의하여 원주들을 꽉 잡아주는 역할을 했다. 이것은 벽은 건물에서 훨씬 덜 중요한 역할을 하기 때문에 창문은 스테인드 글래스 장식을 위한 넓은 공간으로 사용되었고, 그리하여 고딕 건축양식은 빛과 그것의 효과를 대단히 많이 이용한 것을 의미했다. 이 고딕 건축양식의 목적은 하늘을 향하게 하고, 건축물을 계속해서 더 높게 만드는 것이었다. 그리하여 건축학적인 안전의 범위를 벗어나 더 높게 하려고 하다가 붕괴되는 성당들이 생겨나기도 했다.

끝으로, 이 시기에 특히 인노센트 3세(Innocent III, 1198-1216) 때 교황의 권위와 권력은 최고조에 달했다. 그러나 이 시기의 끝인 1303년에는 교황권이 몰락하기 시작했다.

로마 제국과의 충돌이 있은 후 교황을 괴롭혔던 무질서와 불화는 인노센트 3세가 교황으로 선출될 때(1198-1216)까지 계속되었다.

바로 그때에 로마 제국은 혼란의 와중에 있었고, 그리하여 인노센트 3세는 국제적인 정책을 전개할 수 있었다. 그 결과 그는 유럽에서 최고의 권력자가 되었다.

인노센트 3세는 황제를 새로 선출하는 데 참여함으로써 로마 제국 자체의 일까지 간섭했다. 그는 또한 프랑스, 영국, 스페인, 그리고 심지어는 아일랜드, 불가리아, 그리고 아르메니아에까지 손을 뻗혀 간섭하였다. 제4차 십자군 원정으로 콘스탄티노플이 점령되었던 것도 바로 그가 교황으로 재위하던 시기였다. 그러므로 적어도 이론상으로는 콘스탄티노플의 교회는 로마의 교황청에 종속되었던 것이다.

인노센트 3세는 제4차 라테란 공의회(Lateran Council; 1215)를 소집하였다. 그 공의회에서 화체설(化體說) 교리가 선포되었고, 기타의 많은 문제들—고해성사, 유대인, 이슬람교도, 왈도파, 종교 재판 등등—이 제출되었다. 인노센트를 직접 계승한 교황들은 여전히 인노센트가 누렸던 명성의 일부를 유지했다. 그러나 보니파스 8세(Boniface VIII, 1294-1303) 때에 이미 그가 훨씬 더 극단적인 선언으로 권력을 주장했을지라도, 교황권은 다시 쇠퇴해 있었다.

참고 도서

Dowley, *Introduction to the History of Christianity*, pp. 250-323.

González, *A History of Christian Thought*, vol. 2, pp. 276-323.

González, *The Story of Christianity*, vol. 2, pp. 157-291; 엄성옥 역, 『중세 교회사』.

McManners, *The Oxford Illustrated History of Christianity*, pp. 196-232.

Marty, *A Short History of Christianity*, pp. 112-54.

Shelley, *Church History in Plain Language*, pp. 201-32.

Walker, *A History of the Christian Church*, pp. 278-348.

제5장
중세 후기

교황권 몰락의 징후가 날 때부터(1303년)
콘스탄티노플의 함락(1453년)까지

성장하는 부르주아는 여러 나라의 군주제의 협력자가 되었으며, 이로 인해 봉건체제는 끝나고 근대 국가가 시작되었다. 그러나 국가주의 그 자체는 곧 교회 일치에 장애가 되었다. 이 시대의 중요한 기간 동안에 프랑스와 영국은 "백년 전쟁"을 벌였고, 대부분의 다른 유럽 국가들도 또한 그 전쟁에 관여했다. 이 시대는 또한 "페스트 전염병"의 때였다. 이 전염병으로 인해 유럽의 인구가 상당히 감소되었으며 그리하여 인구통계학이나 경제학상에 대변동이 일어났다.

이 시대는 페스트의 대발발로 특징지울 수 있다. 페스트는 1347년에 유럽에서 발생하여 되풀이해서 일어나 인구가 격감되었다. 이것으로 인해 경제적, 정치적 대변동이 일어났다. 유태인들은 종종 페스트를 발생케 했다는 비난으로 인해 되풀이해서 박해를 받았고, 같은 이유로 수많은 여인들이 마녀로 고발당하였다. 이러한 상황에서 종교가 표현하는 것들은 무시무시한 색깔을 띠었고, 거의 배타적으로 죽음과 내세를 지향했다.

발흥하던 부르주아들은 무역을 통해서 부를 획득했기 때문에, 정치적 안정 및 국가의 통일과 이해 관계가 있었다. 여러 나라에서 부르주아들과 국왕들이 동맹을 맺음으로써 군주들은 상비군을 보유할 수 있게 되었고, 이로 인해 봉건체제가 종식되고 근대 국가가 출현하게 되었다. 이러한 변화 과정을 주도한 것은 프랑스와 영국이었다. 그러나 얼마 안되어 다른 국가들도 그 뒤를 따랐다 (스페인은 이 시기가 끝나자마자 곧바로 국가의 통일을 달성했다. 그러나 독일과 이탈리아는 국가적인 통일을 달성하는 데 훨씬 더 오랜 기간이 소요되었다).

국가주의로 인해 봉건체제에 종식을 가져왔을 뿐 아니라 하나의 황제와 하나의 교황 밑에 하나의 국민(또는 그 당시엔 "한 목자 밑에 한 무리의 양떼"로 표현되었음)이라는 중세의 꿈 또한 종말을 고했다. 국민들 가운데에는 자신을 '한 특정 왕국의 신민(臣民)'이나 '한 국가의 시민'으로 생각하는 사람들이 점점 늘어났다.

그 결과 교황직이 국가를 초월한 성직이라는 관념은 실효성을 상실하게 되었고, 얼마 후 그 교황직을 정치적인 목적에 이용하고자 하는 군주들이 생겨났다. 그 당시에 프랑스와 영국 사이에 백년 전쟁이 한창이었고, 이 시기의 대부분 프랑스 세력이 교황직을 지배했는데, 이로 말미암아 영국 뿐 아니라 그와 동맹을 맺은 나라들 사이에서 교황직을 반대하는 감정이 강력하게 일어났다.

결국 백년 전쟁은 사실상 유럽 전 대륙으로 확산되었다. 그것은 왕조 간의 이해 관계를 둘러싸고 일어났으나 실제적인 분쟁의 원인은 지금의 프랑스에 소속된 광대한 영토를 영국이 차지하고 있다는 사실에 있었다. 쟌 다르크(Joan of Arc)가 1431년 화형주(火刑柱)에서 죽을 때까지 중요한 역할을 한 것은 바로 이 전쟁 중이었다. 전쟁이 끝날 무렵, 영국이 점령하고 있던 대륙의 영토들의 대부분은 프랑스의 소유가 되었다.

교황권의 몰락은 분명히 그리고 빠르게 진행되었다. 첫째 프랑스의 보호와 통제를 받게 되었다. 교황청은 로마에서 프랑스 접경 지역에 있는 아비뇽(1309-1377)으로 이동되었다.

백년 전쟁이 실제로 1337년에 시작되었을지라도, 프랑스와 영국 사이의 긴장과 심각한 갈등은 그보다 훨씬 전부터 시작되었다. 교황 보니파스 8세(1294-1303년)는 교황의 권위가 모든 세속의 통치자들에게도 뻗친다고 믿고, 프랑스와 영국의 통치자 사이에서 중재의 역할을 하려고 했다. 그러나 결과적으로 엉뚱하게도 양편이 그를 자신들의 적으로 간주하였다. 1303년에 교황 보니파스가 대적들로부터 모욕을 당하고 구타를 당한 사건 즉, 이른 바 "아나그니의 사건"(Events of Anagni)이 일어났다. 유럽에서 가장 먼저 봉건 귀족들을 제압한 프랑스의 국왕은 이제 그 권력으로 교황 보니파스와 그의 계승자들을 자국의 이익을 위해 조종할 정도로 모욕하였다. 그러면서도 프랑스는 이 모든 것이 교황권을 보호하기 위하여 행한 것이라고 계속 주장하였다.

그 이후로 교황들은 프랑스 왕들의 뜻에 저항할 수 없게 되었다. 1309년에 교황청을 아비뇽으로 옮겼는데, 그것은 로마에서 성행하고 있는 무정부 상태에 대항하여 프랑스 국왕의 보호를 받기 위함이었으나, 오히려 거기에 있으면서 교황들은 프랑스 정책의 도구로 전락하였다. 교황들이 아비뇽에 거주한 시기를 "교회의 바빌론 포로"라고 부른다.

이 기간에 일어난 가장 부끄러운 일화들 가운데 하나는 수도회의 일원이었던 성전기사단원들(Templars)에 대한 재판이었다. 그들은 부당하게 고소를 당하고 형벌을 받았으며, 그들의 재산은 대부분 몰수되어 프랑스의 국고로 들어갔다. 또한 이 시기에 교황청은 여러 지역의 교회들로부터 자금을 모으는 아주 완벽한 제도를 개발해냈는데, 이로 말미암아 더욱 심하게 타락하게 되었다.

신비주의자인 시에나의 성 캐더린(St. Catherine of Siena)은 교황청의 로마 귀환을 요청한 것으로 유명하게 되었다. 마침내 1377년에 교황청의 로마 귀환이 이루어졌다. 이것은 아비뇽에서의 교황권의 "바빌론 포로"를 마감하는 사건이었다.

그 후 "서방교회의 대분열"(1378-1423)이 왔으며, 이 때 두 명의 교황(때로는 세 명의 교황)이 동시에 나타나서 서로 성 베드로의 후계자임을 주장했다.

아비뇽의 교황은 프랑스인들을 추기경으로 많이 임명했다. 이 추기경들은 로마에 있는 교황의 정책들에 불만을 느끼게 되었을 때, 그들은 로마 교황의 선출은 정당한 것이 아니었다고 간단하게 선언하고, 자기들이 좋아하는 다른 사람을 교황으로 선출했다.

그리하여 교황이 로마와 아비뇽에 각각 한명씩, 두 명의 교황이 동시에 존재하게 되었다. 이 두 사람이 죽고 난 뒤 그 자리를 탐내는 다른 두 사람이 그들의 자리를 계승했다. 이 두 교황은 서로 상대방을 불법적이라고 주장하며 나란히 존재하였다. 이것이 바로 "서방 교회의 대분열"이다(1378-1423년). 이 분열로 인한 충격은 매우 컸다.

경쟁적인 두 명의 교황 중 어느 한편을 지지함으로써 서유럽 전체가 둘로 갈라졌다. 이 때가 "백년 전쟁" 중이었기 때문에, 이 분열로 인해 백년 전쟁에서 파생한 각종 경쟁관계들은 한층 강화되어 나타났다. 자신의 지위를 지키기 위해서 각각의 교황은 자기의 수입을 늘려야 했고, 그리하여 착취와 타락은 더욱 심화되었다.

이러한 분열을 극복하고 아울러 교회를 개혁하기 위한 공의회 운동이 대대적으로 일어났다. 이 운동의 바램은 전체 교회의 공의회가 진정한 교황을 결정하는 것이었다. 결론적으로 공의회 운동으로 분열은 끝나고, 모든 사람이 단 사람의 교황에 대해 합의할 수 있었다. 그러나 그 후 공의회 자체가 분열되었고, 그 결과 이제 교황은 하나지만 공의회는 둘이 되었다.

공의회 이론은 보통 "유명론"이라 불리는 철학적 견해 위에 그 교회학적인 근거를 두고 있다. 이 견해에 의하면 교회를 구성하는 사람들은 바로 신도들이다. 그러므로 교리적, 도덕적인 모든 문제들에 관한 최종적인 권위를 가지는 사람도 바로 공의회에 참석한 사람들—또는 그들의 주교들—이다.

피사 공의회(1409)는 교회를 개혁하고자 했다. 분열을 해결하기 위하여, 그 공의회는 현존하는 두 명의 교황을 폐하고, 제3의 인물을 교황으로 임명하여 선포했다. 그러나 경쟁관계에 있는 두 교황들이 그 공의회의 결정을 거부하였으므로, 이제는 교황이 세 사람이나 되고 말았다.

콘스탄스 공의회(1414-1418)는 계속해서 개혁의 임무를 수행했다. 결국 그 공의회는 자기가 교황이라고 주장하는 두 사람을 퇴위시키는 데 성공했다. 세번째 교황이 죽자, 큰 어려움 없이 교황직을 계승할 사람을 임명했다. 마침내 이로써 서방 교회의 대분열은 끝을 맺었다. 이 공의회는 또한 존 후스(John Huss)를 이단으로 정죄하고 화형에 처했다.

그 공의회의 계획에 의하면, 개혁 작업을 계속하기 위하여 정기 모임을 가질 예정이었다. 그러나 바젤 공의회(1431-1449)는 그 공의회 자체가 분열되었는데, 그것은 그 공의회의 회원들 중 일부가 페라라(Ferrara)로 그리고 나서 다시 플로렌스(Florence)로 이주했기 때문이었다. 그리하여 서방 교회의 대분열에 종지부를 찍었던 공의회 운동은 그 자체가 분열되고 말았다.

곧 이어 교황들은 르네상스 정신에 몰두하게 되었다. 그로 인해 교황들은 교회의 영적인 생활에 관한 것보다는 로마의 재건과 아름다운 궁전과 다른 이탈리아의 세력들과 전쟁을 하는 데 더 관심을 두었다.

르네상스는 대개 이탈리아에서 시작된 운동으로 고전적인 고대의 문학, 예술, 그리고 철학으로의 복귀를 그 특징으로 한다. 이 르네상스를 지지하는 사람들 중 많은 사람들이 기독교인이라고 확신할지라도, 르네상스는 고대의 이교도의 전통으로부터 많은 영향을 받아서 시작되었다. 또한 르네상스의 많은 지도자들은 중세 기독교의 금욕적인 것을 매우 싫어했다. 그리하여 그들은 인생의 기쁨과 심지어는 쾌락, 인체의 아름다움, 그리고 인간 정신이 지닌 능력 등을 강조했다.

이탈리아의 르네상스는 복잡한 정치적 음모로 특징 지을 수 있다. 이탈리아 반도를 갈라놓은 많은 독립국가들은—교황청을 포함하여—다른 국가들에 대한 지배권을 획득하기 위하여 복잡한 음모를 꾸몄다.

르네상스 시대의 교황들은 그레고리 7세와 같은 수도원적인 성향을 지닌 교황들과는 뚜렷한 차이를 보였다. 그들이 목적하는 것은 인생과 그것의 아름다움을 즐기고, 로마를—이탈리아의 정치적인 수도로서 뿐만 아니라—예술적이고 지적인 세계의 수도로 바꾸는 것이었다. 이렇게 하는 데에는 많은 재원이 필요했는데, 이것으로 인해 훨씬 더 심각한 경제적 착취와 타락이 초래되었다. 여러 명의 교황들이 자기들의 통솔 하에서 이탈리아 반도를 통일하려고 헌신의 노력을 기울였는데, 이로 인하여 그들은 끊임없는 전쟁과 정치적 음모에 말려들게 되었다. 그와 같은 교황들 가운데

한 사람으로서 종교개혁이 시작되는 때에 로마에서 통치한 교황이 바로 레오 10세(Leo X, 1513-1521)였다.

교황권처럼 스콜라의 신학—즉, 대학에서 행한 신학—도 또한 위기를 맞이 했다. 더욱 애매한 특성과 전문화한 어휘에 근거한 스콜라의 신학은 기독교인들의 일상생활과의 관계가 더욱 멀어졌으며, 오직 신학자들에게만 관심있는 주제들에 많은 노력을 기울였다.

이 기간 동안 신학은 난해한 특성을 점점 더해 갔다. 또한 이 신학은 하나님은 인간의 이성에 종속되지 않으며, 그러므로 하나님의 뜻은 아무리 비합리적으로 보이는 것일지라도 무엇이든 행하실 수 있다는 논리를 폄으로써 신앙과 이성(理性)간의 틈은 점점 더 벌어지게 되었다. 이러한 경향은 결국에는 신학자들이 이해불가능한 하나님에 대하여 말하는 것처럼 보일 정도까지 계속되었다.

이 시기에 활동한 가장 두드러진 신학자는 존 둔스 스코투스(John Duns Scotus)였다. 그가 활동하던 때에 프란시스코 학파의 신학은 정점에 도달했다. 그러나 그의 문체의 특성은 매우 정교해서, 그는 "난해한 박사"(Doctor Subtilis)로 알려졌다.

그 당시 일어난 주요 신학 운동은 윌리엄 옥컴(William of Ockham)과 공의회주의자(conciliarist)들이 전개하는 "유명론"이었다. 이 신학은 공의회 운동을 지지하는 것 외에도, 하나님의 주권은 대단해서 하나님이 어떤 이성의 범주나 도덕적 원리에 종속되지 않는 데 있다고 주장했다. 루터가 신학생 시절에 알게 된 것은 바로 이 유명론자들의 이해불가능한 하나님이었다.

이 모든 것들에 대한 반응으로 몇 가지 개혁 운동들이 있었다. 위클리프(John Wycliff)와 후스(John Huss)와 사보나롤라(Girolamo Savonarola) 같은 사람들이 이러한 개혁 운동을 이끌었다.

위클리프는 서방 교회가 대분열을 겪고 있는 동안 영국에서 살았다. 그는 학문이 깊은 신학자였다. 그는 어거스틴으로부터 깊은 영향을 받았다. 그리고 당시에 지배적이던 유명론자 경향들을 완강히 반대했다. 그는 이성은 신학에서 중요한 역할을 한다고 주장했는데, 이것은 유명론자들의 주장과 예리한 대조를 이루었다. 그는 또한 성서는 대중의 언어로 번역되어야 한다고 믿었다. 그는 어거스틴 신학의 영향을 받아 선언하기를 "참되고, 불가시적인 교회는 하나님이 예정하신 모든 사람들로 구성된 단체이고, 교황은 기껏해야 하나님이 버리신 많은 사람을 포함한 가시적인 교회의 수장일 뿐이다"라고 했다. 그는 또한 화체설 교리를 거부하고, 비록 성만찬에서 그리스도의 살과 피가 나타난다고 할지라도 그것은 물질적 출현이 아니라고 주장했다. 위클리프가 죽은 뒤에 그를 따르던 몇몇 사람들이 성서를 영어로 번역했다. 부분적으로 위클리프의 영향을 받은 "롤라드파"(Lollards)로 알려진 개혁 운동은 영국 전역을 두루 다니며 설교하는 데 전념했다.

후스는 보헤미아(Bohemia)에서 태어났다. 위클리프의 가르침은 그곳에 있는 프라하 대학에까지 이르렀다. 위클리프처럼 후스는 교회의 생활과 가르침을 개혁하기 위하여 성서의 권위를 주장했다. 또 위클리프와 마찬가지로 그는 교회를 하나님이 예정하신 사람들의 단체라고 규정했다. 그는 결국 안전통행권의 보호를 받으며 콘스탄스 공의회에 출석했다. 그러나 공의회는 그런 보호를 무시하기로 결의하고 그를 화형에 처할 것을 명령했다.

후스가 죽은 뒤에 보헤미아의 그의 추종자들은 반란을 일으켰다. 서방 교회들은 일련의 "십자군"으로 그들을 진압하려고 했다. 그러나 결국 그들은 후스의 추종자들에게 많은 양보를 어쩔 수 없이 하고 타협하였다.

사보나롤라는 후스보다 훨씬 뒤에 살았던 인물이다. 그는 플로렌스에 있는 교회를 개혁할 것을 요구한 도미니크회의 수도사요 열렬한 설교가였다. 그의 관심은 교리적인 것보다 도덕적인 것에 있었다. 왜냐하면 그는 한 때 플로렌스의 실질적인 지도자였다. 결국 그의 대적자들은 힘의 우위를 점하고 그를 이단으로 몰아 화형시키고 말았다(1498년).

또한 하층민들에 기반을 둔 몇몇 다른 개혁 운동들이 있었다. 그들은 폭력 혁명을 요구하는 경우도 몇 번 있었다. 그들 사이에서 일어난 중요한 운동으로는 여성이 주축이 된 "베긴파"(Beguines)운동이 있었다. 이것과 대응되는 남성적인 운동으로는 "베가드파"(Baghards)가 있었다. 베가드파의 사람들은 일반적으로 제도적 교회의 주변부에서 명상생활을 하는 것으로 만족해 했다; 또한 "채찍질하는 고행자들"(Flagellants)이 있었는데, 이들은 이미 1260년에 나타났다가 14세기에 절정에 달했다; 또한 "타볼파"(Taborites)와 후스의 개혁운동에 영향을 받아 일어난 기타의 급진적인 운동들이 있었다. 이 타볼파 운동은 독일의 한스 뵘(Hans Böhm)이 시작하였다.

어떤 다른 사람들은 교회의 개혁이 새로운 학문의 결과로서 나타날 것을 바랬다.

중세 후기에 많은 사람들은 자기들의 문화와 문명이 고대의 가장 훌륭했던 것들과 거리가 멀다는 사실을 의식하게 되었다. 조각가들, 화가들, 시인들, 그리고 건축가들은 그리스와 로마의 고전 시대에로의 복귀를 시도했는데, 이것이 르네상스를 야기시켰다. 유사한 운동이 철학자들과 작가들 사이에서 일어났다. 그들은 고대인들의 작품들과 가르침들을 복구하는 것이 필요하다고 생각했다. 그 이유는 익명의 작품들이 고대인들의 저작으로 잘못 알려진 채 제작되고 그것이 일반적으로 받아들여졌을 뿐 아니라 수세기에 걸쳐 원본이 베껴지고 그 베낀 것이 다시 베껴짐으로 인하여, 고대인들의 본래의 사상들이 모호하게 되었다고 믿었기 때문이다.

이들이 바로 "인문주의자들"이었다. 그들은 고대 문학을 복구하는 데 전념했다. 이러한 인문주의자들 가운데 많은 사람들은 기독교가 여러 해를 지나면서 너무 복잡하게 되었고 원래의 방향을 상실했다는 결론을 내렸다. 그들은 그것의 개혁을 불러 일으키기 위하여 필요한 것은 고대의 자료들과 원래 기독교가 가졌던 단순성으로 복귀하는 것이라고 생각했다. 이러한 견해를 대표하는 사람으로는 로테르담의 에라스무스(Erasmus of Rotterdam)였다. 그는 아마 종교개혁이 이루어지던 때에 전성기를 맞이했을 것이다. 그 개혁을 지지하는 많은 사람들은 처음에는 그를 동지로 여겼다.

여전히 어떤 사람들은 전체적으로 교회를 개혁하려 하기보다는 신비주의에서 그들의 안식처를 찾았다. 이 신비주의를 통해 그들은 영적인 생활을 계발하였고, 부패하여 개혁이 불가능한 교회와는 상관할 필요가 없이 하나님께 나아가고자 하였다.

신비주의는 유럽 전역에 퍼졌다. 그러나 신비주의는 라인강 유역을 중심으로 가장 활발하게 활동했다. 마이스터 엑크하르트(Meister Eckhart)는 거기에서 눈부신 활약을 보였다. 그는 당시 신비주의의 가장 훌륭한 교사였는데, 결국 그는 범신론자로 고소를 당했다. 기타의 주목할만한 신비가로 존 타울러(John Tauler), 헨리 수소(Henry Suso), 얀 반 뤼스브룩(Jan van Ruysbroeck)과 제라드 그루테(Gerard Groote) 등이 있었다.

이러한 신비주의자들 가운데 대부분은 자신을 교회의 신실한 자녀들이라고 여겼고, 그리하여 그들은 기존의 교회 권위와 공개적으로 충돌하는 일은 거의 없었다. 그러나 그들의 바로 그런 신앙의 형식으로 인해서 그들은 그런 교회의 권위와 같은 매개를 필요로 하지 않았고, 교회와 그것의 정치 구조 및 그들이 맡은 기능 등에 대한 전통적인 이해를 타파하는 데 도움을 주었다.

한편 비잔틴 제국은 더욱 쇠약해졌으며 마침내 터키의 침략으로 멸망하였다.

이렇게 역사를 간략하게 개관하면서 우리가 내내 서방의 기독교에 주의를 집중하고 있을지라도 결코 잊어서는 안 되는 것은 동방에도 그 기간 내내 존재해온 교회들이 있었다는 사실이다. 동방의 교회들을 열거하자면 그리스 정교회, 러시아 정교회, "네스토리우파 교회", 그리고 "단성론자들"이라고 부르는 여러가지 교회들이 있었다. 이 모든 교회들 중에서, 비잔틴 제국의 공식 종교인 그리스 정교회의 수가 가장 많았다.

비잔틴 제국은 성장하던 투르크 세력의 끊임없는 공격으로 계속해서 축소되다가, 결국에는 콘스탄티노플 시만 남았다고 말할 정도로 약화되었다. 마침내 비잔틴 기독교의 마지막 본거지가 1453년 터키의 손에 넘어가고 말았다. 이것은 동방의 중요한 교회가 이제는 러시아의 교회가 되었다는 것을 의미한다. 러시아의 모스크바는 "제3의 로마"라는 이름을 요구하기 시작했다. 여기 "제3의 로마"란 첫번째 로마와 두번째 로마인 콘스탄티노플이 굴복하여, 이제는 통솔권이 모스크바로 넘어왔다는 것을 의미했다. 그 때부터 러시아 정교회는 동방 교회에서 가장 중요한 교회가 되었다.

콘스탄틴노플의 함락으로 빚어진 또 하나의 결과는 많은 학자들이 중요한 고대 필사본들을 가지고 서방으로 망명을 갔다. 그리하여 르네상스의 정신과 인문주의자들의 작업에 기여했다는 것이다.

그러므로 이 시대의 말엽 기독교 세계는 16세기에 일어나게 될 중요한 변화를 위한 충분한 준비를 하고 있었던 것이다.

참고 도서

Dowley, *Introduction to the History of Christianity*, pp. 324-344.

González, *A History of Christian Thought*, vol. 2, pp. 304-338.

González, *The Story of Christianity*, vol. 2, pp. 324-375; 엄성옥 역, 『중세 교회사』.

McManners, *The Oxford Illustrated History of Christianity*, pp. 233-254.

Marty, *A Short History of Christianity*, pp. 155-203.

Shelley, *Church History in Plain Language*, pp. 233-251.

Walker, *A History of the Christian Church*, pp. 348-415.

제6장
정복과 종교개혁

콘스탄티노플의 함락(1453)에서
16세기 말(1600)까지

그 이름에서 알 수 있듯이, 두 가지의 중요한 사건들이 이 시기에 발생했다. 그 하나는 아메리카 대륙의 "발견"과 정복이며, 다른 하나는 종교개혁이다.

비록 아메리카 대륙의 "발견"과 정복을 교회사에서는 거의 취급하고 있지 않지만, 매우 중요한 사건들이다. 그러나 불과 백년 밖에 안되는 이 기간에 유럽은 세계의 많은 지역, 특히 아메리카 대륙에 자신의 영향력을 확대하였고, 그 결과 자칭 기독교인들이 전례 없이 수적으로 많이 증가하였다. 따라서 서반구의 정복은 현재 교회사에서 중요한 부분이며, 교회는 오늘날까지 많은 영향을 받고 있다.

아메리카 대륙의 정복은 이사벨라(Isabella)와 페르디난드(Fedrdinand)의 공동 통치하에서 스페인이 유럽의 강국이 된 바로 그때 정확하게 시작되었다. 콜럼버스의 첫 항해가 있은 직후 식민지 개척 기업을 창립하기 위한 몇 가지 조치들이 일련의 교황 교서들을 통하여 취해졌다. 얼마 안 되어(1511년) 저질러지고 있던 악폐들에 대한 저항이 시작되었다. 그러한 지역들의 원주민들을 보호하는 데 앞장선 사람으로는 안토니오 데 몬테지노스(Antonio de Montesinos)와 바톨로메 데 카사스(Bartolom de las Casas)가 유명했다. 곧이어 그러한 토론이 스페인에서 계속되었는데, 거기에서 프란시스코 데 빅토리아(Francisco de Victoria)는 "인도 제국"에 주재하는 스페인 기업을 예로 여러 이유들에 대하여 토론하고, 그것의 문제들을 진지하게 제기했다.

정복의 과정은 서인도 제국에서 시작되었다. 그곳 원주민의 인구는 얼마 안되어 격감되었고, 아프리카 출신의 노예들이 수입되기 시작하였다. 스페인 사람들은 그곳에서 멕시코로 갔다(1521년). 멕시코에서 후앙 데 주말라가(Juan de Zumalraga)가 벌인 교회 활동은 주목할만한 것이었다. 그리고 거기서부터 다른 식민지 개척을 위한 선교 원정이 시작되었다.

멕시코와 서인도 제국으로부터 뉴 그라나다(New Granada, 북부의 남 아메리카)는 물론이고 파나마와 중앙 아메리카까지 원정을 하였다. 이 뉴 그라나다를 언급함에 있어서, 우리는 인디언들 사이에서 벌인 성 루이 벨트란(St. Luis Beltran)의 활동과, 아프리카 노예들 사이에서 벌인 성 피터 클래버(St. Peter Claver)의 활동을 말하지 않을 수 없다. 방대한 잉카 제국이 1532년에 정복되었다. 그러나 내전으로 인한 혼란기가 뒤따랐다. 결국 페루에 대한 총독 지배가 시작되었다. "플로리다"에서—그 다음엔 캐롤라이나까지 확장되었음—스페인 사람들은 처음에는 프랑스와, 나중에는 영국과 충돌했다. 라플라타(La Plata)에 대한 총독 지배를 끝으로 총독 지배는 막을 내렸다. 그 유명한 파라과이에서의 예수회의 선교가 펼쳐진 곳이 바로 라플라타의 접경지대였다.

교회는 이와 같은 모든 식민지활동에서 주요한 역할을 했다. "아메리카 대륙의 발견" 직후에 교황이 내린 일련의 교서들에서—그리고 또한 포르투갈인들의 아프리카 연안과 극동 지역에 대한 탐험과 연관하여—새로운 식민지에 설립할 교회에 대한 "왕실 후원"(Royal Patronage)의 권리와 책임을 스페인과 포르투갈의 왕실은 부여받았다. 무엇보다 이것은 왕실이 식민지에 임명될 주교들을 지명하고, 적합하다고 여겨지는 곳에 교회를 창립하고, 주재하는 수도회들에게 권한을 부여하며, 신설된 교회들의 수입과 지출을 관리하는 권한을 가진다는 것을 의미했다. 왕실은 당연히 자기네 정책에 동의하는 주교들과 고위 성직자들을 지명하는 경향이 있었기 때문에, 그 결과 마치 교회가 국가 정책의 한 부서인 것처럼 국가와 교회는 밀접한 관계에서 함께 활동하였다.

정복자들 대부분은 부를 찾아서—처음엔 대개 귀금속의 형태로 나중에는 값비싼 농산물의 형태로—이러한 지역들로 왔기 때문에 그들이 "인디언"이라 부르는 사람들의 노동이 필요하게 되었다. 그러므로—식민지 개척자들이 땅을 찾아갔던 북아메리카와 오스트레일리아와 같은 곳들에서 했던 것처럼—원주민들을 멸종시키기보다는 오히려 그 인디언들을 정복하고, 그들로 하여금 식민지 개척자들을 위하여 일하도록 하는 수단들이 강구되었다. 그러한 수단으로 "엔코미엔다"(encomienda) 혹은 신탁통치란 제도가 있었다. 그러한 제도에 의하여 수많은 원주민들을 한 명의 정착자에게 위탁하였고, 그 정착자는 그들에게 기독교 신앙의 기초를 가르쳐 주어야 했으며, 그에 대한 대가로 원주민들은 자신을 위탁받은 이를 위하여 노동하지 않으면 안되었다.

두말할 것 없이 이것이 바로 노예제도의 시원(始原)이 되었다. 또한 기독교의 규율은 정당한 이유 없이 다른 사람의 토지나 자유를 점유하는 것을 금하고 있었기 때문에, "레쿠에리미엔토"(Requerimiento)가 마련되었다. 이것은 원주민 추장들로 하여금 기독교 신앙을 받아들이고 왕과 교황의 권위를 인정할 것을 요구하는 문서였다. 이것은 그들이 그것을 거부하거나 그것에 대하여 긍정적인 태도를 보이지 않을 경우엔 전쟁, 토지몰수, 그리고 노예제도에 복종케 하는 것 등의 구실이 되었다.

이 모든 문제들과 관련해서 교회는 정당치 못한 판결들에 신학적 정당성을 제공함으로써 식민지 사업의 목적을 달성하는 데 이바지했다.

그러나 그와 같은 시기에 교회는 또한 반대와 저항의 목소리를 가장 힘차게 냈는데 그것은 '모든 사업은 악하거나 적어도 가장 비기독교적인 방식으로 수행되고 있다'고 선언한 것이었다.

그와 같은 시기에 서반구는 유럽의 규율에 복종하고 있었다. 아프리카에서는 주요한 유럽 국가 사람들의 팽창이 있었다. 포르투갈 사람들이 콩고, 앙골라, 모잠비크에 정착한 것이었다. 그들은 그곳으로부터 아시아를 향하여 계속 진출해 나갔다. 아시아에서 예수회 선교사인 성 프란시스 자비에르(St. Francis Xavier)는 주목할 만한 업적을 남겼다. 또한 남아메리카의 동쪽 끝에 정착한 사람들도 포르투갈인이었는데, 그로 인해 오늘날의 브라질이 시작되었다.

 이러한 대부분의 선교 팽창에서 선교와 식민주의 사이에 관련이 있음은 분명했다. 선교는 식민주의 세력을 지원하고, 식민주의 세력 또한 선교를 지원했다. 더구나 이러한 선교를 위한 대부분의 노력들에는 황폐화되고 있는 고대의 문화들을 소중히 여기는 노력이 거의 없었다. 피정복민들—그리고 서반구로 이송된 아프리카 노예들—이 조상 때부터 이어오던 종교 전통들이 지하로 숨었다가 결국에는 대중적인 가톨릭 신앙의 형태로 다시 나타나는 것이 흔했다. 그리하여 지금의 라틴 아메리카의 여러 지역들에서는 유럽의 가톨릭신앙이 아프리카와 아메리카 원주민들의 전통 신앙과 결합되었다. 때로는 이러한 혼합주의적인 제의들이 교회 성직자단의 지원을 받아서 발달하는가 하면 어떤 때에는 지원 없이도 발달하기도 했지만, 그러한 제의들은 모두 여러 세대, 심지어는 여러 세기 동안 존속했다.

 루터가 그의 유명한 95개조를 발표한 1517년을 보통 종교개혁을 시작한 연대로 잡는다. 우리가 앞에서 보았듯이 이전에 오랫동안 개혁운동이 있어 왔지만, 개혁운동을 피할 수 없는 것으로 만든 것은 루터와 그의 추종자들이었다.

루터는 오랫동안의 영적 순례를 거친 후에 마침내 구원은 믿음을 통해서 은혜로 얻게 된다는 확신에 이르게 되었다. 이러한 확신으로 말미암아 루터는 면죄부 판매와 그것을 뒷받침하던 모든 신학에 대하여 저항하게 되었다. 하나님의 말씀에 대한 자기 이해에 근거한 그의 신학은 몇 가지 점에서 전통 신학과 마찰을 일으켰다. 이러한 쟁점들 가운데 하나는 교회와 그것의 전통이 가지는 권위 대 성서의 권위에 대한 것이었다. 루터는 성서만이 최고의 권위를 갖는다고 주장했다. 다른 하나는 성만찬에서 그리스도가 현현하는 방식에 대한 것이었다. 비록 루터는 성만찬에서 그리스도가 물질적으로 현현하신다는 로마 가톨릭의 전통 교리에 동의했지만, 화체설 교리를 수용하지는 않았다. 그 당시까지만 해도 화체설은 교회가 수용하고 있던 교리였다. 끝으로 루터는 인간의 노력으로 구원을 얻고자 하는 수도원 생활을 통하여 깨달은 자신의 경험으로 인해 수도원들과 수녀원들을 해체하고 일상 생활의 거룩, 즉 비수도원적인 생활의 거룩을 주장하게 되었다.

종교개혁이 시작된 이후 한참 동안은 불확실한 기간이었다. 당분간 보름스 국회(1521년) 이후, 루터는 바르트부르크(Wartburg)에서 은거생활을 했다. 그곳에서 그는 신약성서를 독일어로 번역할 기회를 가졌다. 그런 다음에 몇 가지 중요한 사건들이 일어났는데, 그러한 사건들로는 농민 전쟁, 한편으로는 루터와 에라스무스간의 불화가 생기고, 다른 한편으로는 루터와 인문주의자들간의 불화가 생긴 일, 그리고 찰스 5세(Charls V)와 다른 가톨릭 영주들이 개신교에 대한 압력을 계속 가중시킨 일 등이 있다. 이것으로 인하여 『아우그스부르크 신앙고백』(Confession of Augsburg)이 발표되었다. 이 신앙고백에서 개신교에 속한 주요 영주들은 자기들의 신앙을 선언하고 그것을 상세히 설명했다. 전쟁의 위협이 가중됨에 따라 개신교 영주들은 가톨릭의 공격으로부터 자신을 방어할 목적으로, "슈말칼트 동맹"을 결성했다. 수년 동안 정치적, 군사적인 충돌이 있은 후, 마침내 아우그스부르크 평화조약에 이르게 되었는데(1555년), 이로써 개신교 영주들은 자기들의 종교를 결정할 권리를 보장받게 되었다.

그 때에 루터는 죽고(1546년) 세상에 없었다. 그의 주요한 계승자인 멜랑히톤(Philip Melanchthon)은 그 위대한 개혁자 루터보다 온건했다. 다른 동기들 뿐 아니라, 두 사람 사이의 이러한 견해 차이로 인하여 루터주의자들 사이에서는 일련의 논쟁이 벌어졌는데, 그 논쟁은 일반적으로 엄격한 루터파와 온건한 필립파로 나뉘었다. 이러한 갈등들은 마침내 1577년 일치 신조(the Formula of Concord)에 의하여 해결되었다.

그러나 로마 가톨릭을 반대한 사람들 모두가 루터와 그의 신학에 동조한 것은 아니었다. 곧 이어 또 다른 운동이 스위스에서 나타났다. 처음에는 쯔빙글리(Ulrich Zwingli)의 지도하에, 그 다음에는 칼빈(John Calvin)의 지도하에 새로운 운동이 일어났다. 이 운동으로 오늘날 우리가 말하는 "개혁 교회"와 "장로교회"가 탄생하였다.

취리히의 개혁자 쯔빙글리는 원래 인문주의자였다. 그는 루터와 비록 다른 길을 가고 있을지라도, 루터와 유사한 결론에 도달하게 되었다. 그가 관심한 것은 우선적으로 기독교 본래의 원전(原典)으로 복귀하는 것이었다. 그러므로 그는 신약성서에 발견되지 않은 것은 모두 거부했다. 그는 또한 열렬한 애국자였다. 그는 스위스의 병사들이 용병으로 해외에서 복무하는 관습을 반대했다. 그리고 그는 스위스의 프로테스탄트들이 군사적인 수단을 동원하여 자기들의 신앙과 자유를 방어할 것을 촉구했다. 그는 전장에서 죽임을 당했다.

이러한 전통을 이어받은 차세대의 위대한 지도자가 존 칼빈이었다. 칼빈은 프랑스에서 태어났을지라도, (스위스의) 제네바에서 이루어지는 개혁의 지도자가 되었다. 그의 견해는 쯔빙글리의 견해보다 훨씬 더 온건했다. 그것은 그의 대작 『기독교 강요』에 나타나 있다. 그 책의 제1판은 호주머니에 넣을 수 있을 만큼 작은 것이었다. 그러나 그것은 결국 분량이 많아져서 4권의 커다란 책이 되고 말았다. 이러한 작품들 속에서 칼빈은 개혁 신학을 체계화했다. 개혁 신학을 추종하는 사람들이 이내 스위스 뿐 아니라 유럽 전역으로 확산되었다.

일반적으로 개혁신학은 루터가 제안한 대부분의 전제들을 수용했으나, 의인(義認)의 필수 결과인 성화(聖化)의 과정을 더욱 강조했다. 그 때문에 개혁신학자들은 율법은 유대 백성을 인도하는 지침으로 그리고 모든 죄를 깨닫게 하는 도구로서 사용될 뿐 아니라 제3의 용법을 가지고 있다고 선언했다. 그것은 개인적인 삶에서나 집단적인 삶에서 기독교인들과 기독교 국가들을 지도하는 것이다. 또한 개혁 신학은 루터파의 신학보다 훨씬 더 강하게 사회적인 생활과 정치적인 삶에 있어서의 개혁을 주장하여 결국 스코틀랜드, 영국, 네덜란드와 같은 곳들에서 혁명을 이끌어 내었다.

이보다 더 급진적인 입장을 취한 사람들이 있었는데, 그들의 적들은 그들에게 "재세례파"(anabaptists)—다시 세례받는 사람이라는 뜻—라는 경멸적인 칭호를 부쳤다. 이 종교개혁파에서 메노파(Mennonites)와 몇몇의 다른 그룹들이 파생하였다.

재세례파들은 최종적인 결론으로 교회는 신약성서의 관례에 순응해야 한다는 원칙을 따랐다. 이로 말미암아 그들은 콘스탄틴 시대 이래로 교회가 자신과 사회와의 관계성을 이해해오던 방식을 거부했다. 신약성서의 가르침들에 따라서 그들은 군사적인 활동에 참여하기를 거부했다. 어떤 사람들은 결국 세상은 항상 불순종하기 때문에 참된 교회는 언제나 박해를 받을 것이라는 판단을 내렸다. 기독교인들은 그 결과가 어떠하더라도 그것과 상관없이 산상설교의 지침을 따라 살아야 했다.

재세례파들 가운데 어떤 사람들은 종말이 가까이 왔다는 결론에 도달했는데, 그로 인하여 훨씬 더 급진적인 견해를 취하게 되었다. 마침내 어떤 사람들은 평화주의를 포기하고 무력으로 하나님의 왕국을 세우는 일에 착수했다. 가장 유명한 사례가 바로 뮌

스터 시였는데, 그곳의 급진적인 재세례파들은 권력을 잡고, 주교를 추방시키며, 자기들이 "새 예루살렘"이라고 선언한 신정국가를 세웠다.

그 운동은 주교를 지지하는 군대에 의하여 점령될 때까지 점점 더 급진적으로 변했다. 그러나 그 "새 예루살렘의 왕"은 포로가 되고 말았다. 이러한 급진적인 요소들이 좌절되자 다시 사라지지 않았던 평화주의적인 요소들이 표면으로 부상했다. 그 이후로 지금까지 재세례파의 전통은 평화주의적인 특징을 지니게 되었다.

영국에서는 다른 종류의 개혁이 나타났다. 이것은 개신교 신학(특히 칼빈 신학)을 따르면서 교회 정치와 예배에 관한 고대의 전통들을 계속 유지는 것이었다. 이것이 바로 영국 국교회(the Church of England)이며, 여기서 오늘날의 "성공회"와 "감독파"(Episcopal)라는 이름의 교회들이 파생되었다.

영국에서는 위클리프 이래로 여러 개혁 운동들이 계속되어 왔다. 그러나 종교개혁이 영국에서 발판을 얻게 된 것은 헨리 8세가 왕위를 계승할 상속자를 얻고자 하는 필요성을 갖게 되었을 때이다. 헨리는 교황이 아라곤의 캐더린(Catherin)과의 이혼을 승인하지 않았기 때문에, 자기 나라에서는 자신이 바로 교회의 수장임을 선포하여 자기의 이혼을 합법화하고, 다시 결혼했다. 그가 통치하는 기간에 일어났던 개혁들은 많은 제한을 받았는데, 그 개혁이란 왕이 인정하는 것이 고작이었기 때문이었다.

헨리의 아들이요 계승자인 에드워드 6세(Edward VI)는 너무나 어려서 자신의 권리로 통치할 수 없으므로, 그의 통치 하에서 섭정 회의는 재빨리 프로테스탄티즘으로 방향을 돌렸다. 그러나 에드워드는 몇 년 후에 죽고, 그의 이복 누이 메리 튜더(Mary Tudor)가 그의 왕위를 계승했다.

메리는 가톨릭 신도였기 때문에, 그는 자신의 힘을 다 쏟아서 전임자들이 통치하던 기간에 개신교도들이 이루어 놓은 것을 원상태로 돌려놓고자 했다. 많은 개신교도들이 처형을 당했는데, 그들 가운데에는 캔터베리의 대주교인 토마스 크랜머(Thomas Cranmer)도 있었다. 그리고 다른 많은 사람들이 추방을 당하고 유랑하는 몸이 되었다. 이것으로 인하여 그 여왕은 "피의 메리"라는 별명을 얻게 되었다.

마리아가 죽자, 그녀의 이복 자매인 엘리자베스가 그녀의 왕위를 계승했는데, 그녀는 개신교 신자였다. 그녀가 통치하던 기간에 영국 교회는 발전하여 뿌리를 깊이 내리게 되었다. 추방되었다가 돌아온 많은 사람들은 칼빈주의에 대한 강한 확신을 가지고 있었다. 그러므로 칼빈주의는 영국 전역에서 많은 지지자를 얻었다. 그 결과 교회는 교리적으로는 칼빈주의이면서도, 그 교리와 배치되지 않는 모든 전통 관례들은 그대로 간직하게 되었다. 그것은 특히 예배와 교회정치에서 그러했다. 예배에서 보면, 『공동 기도서』(The Book of Prayer)가 번역되었는데, 그것은 초대교회 시절에 행해지던 대부분의 전통 의식들과 관례들을 약간 개정한 것이었다. 정치에서 보면, 영국 교회는 감독제를 그대로 간직했으며, 가장 주목할만한 변화를 들자면 주교들과 사제들도 이제는 결혼할 수 있게 된 것이었다.

부분적으로는 종교개혁의 결과로서, 그리고 부분적으로는 내부의 역동성 때문에 로마 가톨릭 교회도 또한 이른 바 "반(反) 종교개혁"으로 불리는 새로운 움직임을 겪었지만, 이 움직임은 종교개혁에 대한 단순한 반응을 훨씬 넘는 것이었다.

이 기간 동안 많은 가톨릭 신학은 개신교를 반박하는 데 전념했는데, 이 일을 담당했던 신학자들로는 존 엑크(John Eck), 로버트 벨라민(Robert Bellamine), 그리고 시저 바로니우스(Caesar Baronius)를 들 수 있다. 엑크는 학식있는 사람으로 루터와 그의 가르침을 제일 먼저 공격한 사람이었다. 그는 루터에게 지금까지 이단으로 규정되어 온 견해들을 찬성한다고 선언할 것을 강요했다. 벨라민은 논쟁적인 교수였다. 그는 개신교에 대항하는 로마 가톨릭 교회의 논쟁들을 지금까지 주도해온 대부분의 주장들을 발전시켰던 인물이다. 바로니우스는 교회사가였다. 그는 개신교의 가르침들을 반박하기 위해 교회의 전통을 활용한 최초의 근대교회사라 할 수 있다.

가톨릭 교회의 개혁의 결과로 새로운 수도회들이 생겨났다. 아빌라의 성 테레사(St. Teresa of Avila)는 십자가의 성 요한(St. John of the Cross)의 협력을 받아 칼멜회(Carmelites)의 개혁을 주도했는데, 그 결과로 "맨발의 칼멜회"가 창설되었다. 이 당시에 설립된 다른 수도회들로는 이그나티우스 로욜라(Ignatius of Loyola)에 의해 창립된 예수회(the Society of Jesus)가 있었다. 그것은 예수회(Jesuits)로 알려지게 되었다. 엄격한 규율 체제를 갖춘 예수회는 곧, 개신교와의 싸움에서 교황의 오른팔이 되었다. 그들은 또한 선교활동에 있어서 탁월한 능력을 발휘하여 서반구의 광범한 지역에 선교회들을 설립했다. 예수회의 가장 주목할 만한 제1세대 선교사로는 성 프란시스코 사비에르(St. Francis Xavier)가 있다. 그는 로욜라의 오랜 친구들 가운데 한 사람이었으며, 먼 일본까지 들어와 복음을 전했던 인물이다. 나중에 예수회는 제일 먼저 중국에 발을 딛었는데 그 당시 중국은 외국의 영향에 대하여 철저히 폐쇄적이었다.

개혁의 정신은 점진적으로 가톨릭 교회의 성직자단 사이에서 뿌리를 내렸는데 교황 바울 4세(Paul IV, 1555-1559년)에 이르러서는 절정에 달했다. 이것은 주로 도덕적이고 행정적인 개혁이었다. 그런데 그것은 악폐와 부패를 제거하는 데 더 많은 관심을 가지고 있었기 때문에 그것은 교황에게 권력을 집중시키고 전통 교리를 방어하려는 경향을 가지고 있었다. 다른 대안들 사이에서 이 개혁 운동은 종교재판을 강화시키고자 했고 금지된 서적들의 색인이나 목록을 유포시켰다

또한 로마 가톨릭 내부에서 신학에 대한 각성이 있었는데, 이것은 개신교를 논박하는 것과 상관없이 생겨났다. 이러한 모험적인 신학 활동을 벌인 지도자들 대부분은 도미니크회나 예수회에 속한 사람들이었다. 도미니크회에 속한 사람들 중에서 우리는 토마스 데 비 카예탄(Thoma de Vi Cajestan), 프란시스코 데 빅코리아(이

미 언급한 바 있음) 그리고 도미니크 바네쯔(Dominic Banez) 등에 대하여 언급하지 않을 수 없다. 예수회에 속한 사람들 중에는, 로욜라 자신을 예외로 하고, 가장 중요한 신학자는 프란시스코 슈아레즈(Francis Suarez)였다.

가톨릭 교회의 개혁이 최고조에 달했던 것은 바로 트렌트 공의회(the Council of Trent)에서였다. 그것은 정치적으로 복잡한 일련의 상황이 거의 18년(1545-1563) 동안이나 지속된 것에 기인한다. 그 공의회는 몇 가지의 개신교의 견해들을 정죄하고, 가톨릭 교회의 교리를 재확인하며, 교회의 도덕적이며 행정적인 개혁을 향한 몇 가지의 조치들을 취했다. 개신교 신자들의 도전—그것은 교회가 수용한 많은 교리들을 문제삼는 것임—에 대하여 말한다면, 트렌트 공의회는 기독교 신학의 모든 주제들을 다루는 최초의 회의였다.

다른 한편으로, 트렌트 공의회 이후에도 은총과 자유의지간의 관계—개신교에 반대한 논쟁들에서 이미 제기되어 왔던 것임—에 대한 문제는 해결되지 않은 채 가톨릭 교회에 남아 있었다. 이것은 우리 역사의 다음 시기에 가장 활발하게 토론될 것이다.

이 시대가 끝날 때까지, 그리고 많은 갈등과 전쟁을 경험하면서도 개신교는 독일, 영국, 스코틀랜드, 스칸디나비아, 네덜란드에서 확고히 자리를 잡았다. 프랑스에서는 오랜 종교전쟁을 치른 후 일시적으로 타협을 한 결과, 왕은 가톨릭교도였지만 개신교 신자들을 인정하였다. 스페인, 이탈리아, 폴란드와 다른 나라들에서는 개신교를 무력으로 억압하였다.

우리는 이미 독일과 영국에서 어떻게 해서 개신교가 시작되었는지에 대하여 개관한 바 있다. 스코틀랜드에서 개신교는 귀족들의 지원에 힘입어 진전되었는데, 이 귀족들은 개신교를 자기들이 왕실과 대항하여 싸우는 데 있어서 재집결점으로 생각했던 것이다. 주요한 신학 지도자는 존 낙스(John Knox)가 있었다. 그러한 갈등이 결국엔 공개적인 반역으로 확대되고, 여왕 메리 스튜어트(Mary Stuart)가 그 나라로 도주해야 했을 때, 개신교는 최후의 승리를 얻은 것이었다. 이러한 개신교 신자들은 감독―그들은 군주정치의 자연스런 동맹으로 보았음―을 반대했기 때문에, 그들은 장로제를 기초로 하는 교회를 조직했다. 그런 이유로 해서 그들은 장로회주의자들로 알려져 있다.

스칸디나비아에서 루터파 개신교가 승리하게 된 것은 덴마크의 크리스티앙 3세(Christian III)와 스웨덴의 구스타부스 바사(Gustavus Vasa)와 같은 통치자들의 도움을 힘입었기 때문이었다. 그곳에서의 개혁은 왕실의 지도하에 일어났기 때문에, 감독제는―종종 루터파로 전향한 전 가톨릭 주교들과 함께―계속 유지되었다.

네덜란드에서 칼빈주의적인 개신교는 스페인의 지배에 대하여 항거함에 있어서 국가적인 일체성의 상징이 되었다. 네덜란드는 마침에 독립을 쟁취하게 되었을 때, 그들은 충실한 칼빈주의자였다.

프랑스에서 칼빈주의는 또한 많은 개종자들을 얻었는데, 특별히 귀족들 가운데 많은 사람들이 개종했다. 종교적인 문제들은 다양한 옛 귀족 가계들 사이에서 계속되는 싸움으로 인하여 혼란에 빠지고 말았다. "성 바돌로매 축일의 대학살"(Massacre of St. Bartholomew's Day)이 1572년에 일어났는데, 이 학살 사건에서 위그노교도들(Huguenots) 수천 명이 죽임을 당했다(프랑스에서 개신교 신자들은 "위그노교도들"이라는 멸시적인 이름을 받았는데, 그 위그노교도란 용어가 어떻게 해서 생겨났는지는 확실히 알지 못한다). 그런 다음에 내전이 발발하여 오랫동안 계속되었다. 때때로 이 내전은 "3 헨리의 전쟁"으로 일컬어진다. 이 내전을 통하여 헨리 4세(Henry IV)가 승리자와 왕으로 나타났다. 헨리는 자기가 왕위에 오르기에 앞서서 자신은 가톨릭 신자라고 선언했지만, 사실 그는 전에 개신교 신자였었다. 그는 자신의 이전 동료들, 즉 위그노교도들을 무장케 함으로써 어느 정도의 권리와 자유를 보장해주었다. 이 자유의 보장은 위그노교도들로 하여금 많은 군사 요충지들을 소유하게 함으로써 이루어졌다. 결국엔 위그노교도들은 자기들이 소유했던 군사 요충지들은 빼앗기고 말았는데, 그것은 국가 전체에 대한 왕의 권력을 강화하기 위해서였다. 이러한 과정에서 피흘림이 없지는 않았다.

  마지막으로 기억해 두어야 할 중요한 것은 종교재판을 통하여 위그노교도들을 제거할 수 있을지라도, 개신교는 다른 여러 나라에서 엄청난 사람들을 개종시켰는데 특히 스페인, 이태리, 폴란드와 같은 나라의 많은 사람들이 개종했다는 사실이다. 그러나 그

나라들은 결국 가톨릭 국가로 남고 말았다. 이러한 나라들에서 온 개신교 신자들은 추방당한 채 스위스, 독일, 영국, 그리고 네델란드 등지에서 망명의 신세가 되었다. 다른 사람들은 여러 세대 동안 지하로 들어가 잔존했다.

참고 도서

Dowley, *Introduction to the History of Christianity*, pp. 345-433.

González, *A History of Christian Thought*, vol. 3, pp. 13-247.

González, *The Story of Christianity*, vol. 1, pp. 378-412; vol. 2, pp. 1-125; 엄성옥 역, 『중세교회사』, 『종교개혁사』.

McManners, *The Oxford Illustrated History of Christianity*, pp. 254-266, 301-317.

Marty, *A Short History of Christianity*, pp. 204-267.

Shelley, *Church History in Plain Language*, pp. 253-326.

Walker, *A History of the Christian Church*, pp. 417-526.

(대부분의 교회사 책들은 16세기를 논구할 때, 서구의 정복에 관한 문제를 다루지 않는다. 위의 참고 도서 가운데서 이 주제를 특별히 다룬 책들은 쪽수를 굵은 활자로 명시하였다. 다른 책들은 유럽의 종교개혁에 관해서만 언급을 하고 있다).

제7장

17세기와 18세기

이 시기에 다양한 단체들—특히 가톨릭 교회와 개신교 교회의—의 종교적 신념이 강해서 때로는 인구를 감소시킬 정도로 잔인한 전쟁이 발생했다. 독일과 그 외 유럽 국가들은 "30년 전쟁"(1618-1648년)을 치렀는데, 유럽이 경험한 것 중에서 가장 처절한 전쟁이었다.

아우그스부르크 평화조약에도 불구하고 개신교 신자들과 가톨릭 교도들 사이에는 오랫동안 갈등이 심지어는 무력 충돌까지 있었다. 마침내 "프라하 폭동"(1618년)으로 알려진 일련의 사건이 있은 후에 보헤미아에서 전투가 발발했다. 보헤미아의 개신교 신자들이 반란을 일으킨 것이었다. 이에 가톨릭의 군대는 그 반란을 잔인하게 진압했는데, 보헤미아에서 뿐 아니라 그 반란자들이 동맹을 맺은 다른 지역들에서까지 그렇게 했다. 바로 그 때에 다네스(Danes)는 개신교 신자들을 보호하기 위하여 중재에 나섰다. 그리 결정적이지는 않지만 유혈의 전투가 몇 번 있은 후에, 모든 당사자들의 불만은 그대로 둔 채 휴전 협정이 이루어졌다. 바로 그

후에 스웨덴 사람들이 자기네 왕 구스타부스 아돌프스(Gustavus Adolfs)의 유능한 지휘를 받아 독일을 침략했다. 그가 승리를 거두었는데 이것은 개신교 편에 있어서는 큰 힘이 되었다. 그러나 그는 전장에서 죽고 말았다. 드디어 이 30년 전쟁은 베스트팔리아 평화조약(1648년)으로 막을 내리게 되었다. 이 평화조약은 비록 가톨릭교, 루터교, 개혁교회에게만 해당되는 것이기는 하지만 종교의 자유를 보장하는 것이었다.

프랑스는 이전의 개신교 공인 정책을 폐지하였다.

프랑스는 개신교 지도자들에게 많은 군사 요충지들을 제공함으로써 그 관용을 보장해왔다. 루이 13세 때의 유명한 추기경이자 사제인 리셜리외(Richelieu)는 30년 전쟁에서 개신교의 편을 들었는데, 이는 개신교 신자들이 프랑스의 적들을 약화시키기 때문이었다. 그는 프랑스 영토 안에 그러한 요충지들이 존재하는 것을 허용할 수 없었다. 이로 인하여 다시 종교전쟁이 발발했는데, 이것은 개신교 신자들의 마지막 거점이었던 라 로첼레(La Rochelle) 전투에서 그 절정에 달했다.

다음에 왕이 될 루이 14세(Louis XIV)는 개신교를 금하는 폰텐블루 칙령(Edict of Fontainebleay, 1685년)으로 종교에 대한 관용을 마감했다. 바로 그 때, 당국자들은 자기들의 신앙을 버리기보다는 차라리 그 나라를 떠나기로 결정한 위그노교도들이 그렇게 많은 것을 보고 놀랐다. 또한 그들이 떠남으로 인한 경제적인 영향을 보고 놀랐다.

이럼에도 불구하고 개신교는 계속해서 프랑스에 잔존했는데, 이들을 가리켜 사람들은 "광야 교회"라고 불렀다. 나중에 다시 개신교에 대하여 관용정책이 실시되었을 때, 개신교는 작지만 성숙되고 잘 조직된 공동체로 모습을 드러냈을 것이다.

영국에서는 청교도 혁명이 내전으로 발전하여, 국왕 찰스 1세를 처형하게 되었다. 그 이후에도 종교적 반대자들을 이전 보다 더 많이 공인했음에도 불구하고, 혁명 이전의 상황과 매우 유사한 상황이 될 때까지 전쟁은 계속되었다.

엘리자베스 여왕은 직계 상속자를 두지 못한 채 죽고 말았다. 그리하여 그 뒤를 여왕의 사촌인 제임스(James)가 계승했다. 그런데 그 당시 제임스는 스코틀랜드의 왕으로 재위 중이었다. 제임스와 그의 아들이자 후계자인 찰스 1세(Charles I)의 통치하에서 정부의 종교 정책―공식적인 종교 정책들 뿐 아니라 비공식적인 종교 정책들―에 대한 불만이 고조되고 있었다. "청교도들"은 교회는 비성서적인 모든 것들을 척결해야 한다고 주장했는데, 의회에서는 그들의 주장을 지지하는 사람들이 점점 늘어갔다(여기서 주목해야 할 중요한 사실은, 비록 "청교도"[Puritan]란 말이 나중에 그리고 다른 정황에서 도덕적 순결을 주장하는 사람을 의미하게 되었다 할지라도, 청교도 1세들이 강조한 것은 그 도덕적 순결이 아니라는 점이다. 그들이 추구했던 것은 가톨릭 교회가 만들어 놓은 온갖 "부착물들"과 "미신들"로부터 정화된 교회였다).

왕들은 더욱 전통적인 정책들을 따랐으며 주교들의 지원을 얻어냈다. 이 주교들 대부분은 왕실에 아주 복종적이었다. 제임스 1세가 통치하던 시기는 왕과 의회간의 긴장이 고조되었는데, 그것은 제임스 1세의 아들이자 후계자인 찰스 1세가 의회 없이 통치하기로 작정하였기 때문이었다. 그는 여러 해가 지난 후에 간신히 그것을 실행할 수 있었다. 그러나 그는 결국 세금을 인상하기 위하여 의회를 소집하지 않으면 안되게 되었다. 의회는 교회가 보다 장로교의 노선에 따라 개혁되기까지 그가 요구한 세금 인상을 거부했다. 결국 그러한 긴장관계로 인하여 찰스는 의회의 해산을 명령하기에 이르렀다. 그러나 의회는 해산을 거부했다. 사람들은 이것을 웨스트민스터 회합(the Assembly of Westminster)이라 불렀다. 이 회합에서 작성한 『웨스트민스터 신앙고백』(1647년)은 정통 칼빈주의를 위한 기초문서가 되었다. 그리고 그 웨스트민스터 회합에서는 보다 전통적인 형태의 기독교나 왕이 지원하는 교회정치에 반대하는 대책들을 수립하였다. 마침내 왕과 의회간의 긴장관계는 내전으로 비화되었는데 그 결과 찰스 1세는 의회의 세력에 패배하여 처형을 당하고 말았다(1649년).

그리고 난 후 올리버 크롬웰(Oliver Cromwell)의 "호민관 정치시대"가 그 뒤를 계승하였는데, 그는 내전을 치르는 동안 전면에 부상한 인물이었다. 한편, 청교도들은 '조합교회파'(Independents), '장로회파'(Presbyterians), '안식일 엄수주의파'(Sabbatarians), '평등주의자파'(Levellers) 등과 같은 여러 그룹들로 나뉘었다. 크롬웰이 죽자 그의 아들 리차드(Richard)는 아버지 크롬웰의 일을 계속 수행할 수 없었고, 드디어 찰스 2세(Charles II)라는 사람으로 왕정(monarchy)이 복구되었다. 이로 말미암아 청교도 반대운동이 일어났는데, 이것은 제임스 2세의 통치 기간에도 계속되었다. 이내 개신교 신자들은 가톨릭이 복구되지나 않을까 하여 두려워하게 되었다.

마침내 영국민들은 반란을 일으켜 제임스 2세를 폐위하였다. 그리고 윌리엄 오렌지(William Orange)와 그의 아내 메리가 왕위를 계승했다(1688). 이 "명예혁명"으로 말미암아 대단히 관용적인 종교정책이 시행되었다. 영국에서는 「39개 신조」(the Thirty-nine Articles)를 지키는 한, 신앙과 예배의 자유가 광범위하게 허용되었다. 그런데 이 '39개 신조'는 영국 국교회의 상징이었다. 스코틀랜드에서는 웨스트민스터 신앙고백이 채택되었고 장로교회가 국교가 되었다.

이 모든 전쟁들은 여러 정통파들—로마 가톨릭교, 루터교, 칼빈교—의 독선으로 인한 결과였다. 이들 정통파들은 아주 조그마한 교리도 대단히 중요하게 다루었으므로, 그것을 조금이라도 벗어나는 것을 허용하지 않았다. 그 결과 이미 말한 전쟁뿐만 아니라 가톨릭파, 루터파, 개혁파(칼빈파) 사이에서 끝없는 논쟁이 일어났으며, 심지어 이들 모두는 자신들의 전통 안에서조차도 합의점에 도달하는 것이 쉽지 않았다.

가톨릭 교회들 사이에서 벌어진 논쟁들은 교황의 권위—갈리아주의(Gallicanism), 페브로니우스주의(Febronianism), 조셉주의(Josephism)—와 관련된 것들과 구원에 있어서의 은총과 인간 참여 사이의 관계—얀센주의(Jansenism), 정적주의(靜寂主義, Quietism)와 관련된 것들이었다.

갈리아주의는 프랑스 내에 있는 교회의 고대 "갈리안적 자유"(Gallican liberties)를 주장하는 것이었다. 이것은 점증하는 교황의 권력에 대하여 저항하는 운동이었는데, 프랑스의 주교들 가운데 많은 사람들이 이 운동에 참여했다.

페브로니우스주의—저스틴 페브로니우스(Justin Febronius)의 이름을 따라 붙여진 이름—에 의하면, 교회는 신실한 사람들의 공동체이며 주교들은 그들의 대표이므로 교회를 다스리는 것은 로마의 주교, 즉 교황에 있는 것이 아니라 주교단 전체에 있어야 한다는 것이다.

조셉주의(Josephism)는 황제 조셉 2세(Joseph II)의 이름을 따라 붙인 것으로, 그는 자신의 영역 안에 있는 교회를 다스리고 개혁함에 있어서, 교황이나 트렌트 공의회가 만든 지침에 따라서가 아니라 자신의 원칙에 따라서 하려고 했던 인물이었다. 그는 교황이나 트렌트 공의회가 만든 지침을 문맹정책으로 여겼다.

얀센주의는 이 모든 운동들 가운데 가장 강력한 것이었다. 그것은 코넬리우스 얀센니우스(Cornelius Jansenius)의 이름을 따라 붙인 것인데, 그는 어거스틴의 값없이 주는 은혜와 예정의 교리들 중에 가장 급진적인 요소들을 소생시키려고 했다. 로마 가톨릭의 성직자단은 얀센주의를 계속해서 정죄했으나, 그것은 계속 살아 남았다. 이 얀센주의는 점차적으로 기존의 권위와 충돌을 빚게 됨에 따라 정치적으로 급진적인 성향을 띠게 되었다. 한편, 정적주의는 하나님 앞에서 완전히 수동적인 자세를 취하는 것이야말로 기독교인을 훈련함에 있어서 헌신의 가장 좋은 수단이라고 주장했다. 그것은 또한 로마의 가톨릭의 성직자단으로부터 되풀이해서 정죄를 당했다.

루터가 죽자 곧바로 멜랑히톤의 추종자들(필립파)과 엄격한 루터주의자들 사이에 어떻게 해서 격렬한 논쟁이 일어났는지에 대하여는 이미 말한 바 있다. 심지어 일치 신조 이후에도 이 논쟁은 계속되었다. 이것은 '개신교 스콜라 철학'의 시대였으며, 그 방법론은 중세 스콜라 철학과 매우 흡사했다. 이들은 교리의 모든 세부사항까지 정의하려 했으며, 조지 칼릭스투스(George Calixtus)와 그의 '혼합주의'와 같은 일탈(逸脫)을 허용하지 않았다. 비록 혼합주의가 고소를 당했을지라도, 칼릭스투스는 주장하기를 "루터의 가르침이 아무리 중요하고 참되다 할지라도, 처음 5세기 동안 교회가 믿었던 것을 제외하고는 모든 기독교인들에게 요구할 수 있는 것은 아무것도 없다"고 했다. 이런 식으로 그는 기독교인 사이에서 벌어지는 불필요한 논쟁을 피하고, 다양한 기독교 전통들 사이에 화해가 이루어지기를 희망했다. 그러나 그러한 화해를 위한 시간이 주어지지 않았고, 그리하여 그는 자신이 속한 루터교회 전통으로부터 광범위한 거부를 당했다.

개혁교회의 정통교리, 이것의 정신은 그것과 대응되는 루터교회의 정통교리와 매우 유사했는데, 그것은 예정과 은총에 관심을 집중한다는 점에서 그러했다. 이 두 교리는 도르트 회의(the Synod of Dort, 1618-1619년)와 웨스트민스터 회합에서 절정을 맞이했다. 도르트 회의는 알미니우스주의(Arminianism)를 정죄했다. 이 알미니우스주의의 교리는 매우 엄격한 칼빈주의자들에 의하면, 구원의 질서에 있어서 신자들에게 능동적인 참여를 너무나 많이 허락함으로써, 하나님의 주권적 은총의 교리를 파괴하였다는 것이다. 웨스트민스터 회합은 「웨스트민스터 신앙고백」을 선포했다. 도르트 회의의 결정사항이나 웨스트민스터의 가르침들을 수용하지 않은 사람들을 이단으로 정죄하고, 진정한 개혁 교회의 대열에서 추방하였다.

그러한 엄격한 정통 교리와 그로 인한 명백한 부정적인 결과들에 대한 반작용으로 합리주의가 성장했다.

훨씬 이전에 합리주의의 전례가 있었다 할지라도 합리주의는 데카르트(René Descartes)의 연구와 수학의 원리들을 진리 탐구에 적용하려는 시도에서 시작된다고 말할 수 있다. 유럽 대륙에서는 스피노자(Spinoza)와 라이프니츠(Leibniz)가 합리주의 운동을 발전시켰다. 대영제국에서는 그것이 로크(Loke)의 경험주의 형태를 띠다가, 다음에는 이신론(Deism)의 형태를 띠었다. 프랑스에서는 합리주의로 말미암아 백과전서파(Encyclopaedists)를 배출시켰고, 결국에는 프랑스 혁명을 야기시켰다. 이 시대의 말엽에, 흄(Hume)과 칸트(Kant)의 비평에 힘입어 "이성"은 앞의 생각만큼 객관적이지 않은 것처럼 보였다. 그렇지만 많은 사람들은 자신이 탁월하게 이성적임을 입증할 수 있는 기독교만이 신앙할 만한 가치가 있다고 믿었다.

또 다른 결과로 경험의 중요성과 정통 교리에 대한 복종을 강조하는 일련의 입장이 나타났다. 영국의 국교회에서 감리교가 취한 바와 같이, 루터파와 경건파와 모라비안파들이 이러한 입장을 취하였다.

루터파 경건주의를 이끈 위대한 지도자들로는 필립 야콥 스페너(Philip Jakob Spener)와 아우구스트 헤르만 프랭크(August Herman Franke)가 있었다. 이 두 사람은 소그룹과 영적 훈련을 통해서 이룩된 개인적 경건의 각성을 요구했다. 이 운동은 정통 루터주의자들로부터 혹독한 공격을 받았지만, 정통주의가 무시했던 기독교인의 책임과 헌신의 측면을 다른 선교 사업에서 가장 잘 나타내었다. 이러한 상황이 빚어낸 한 가지 결과는 해외에 세워진 교회들이 경건주의의 가르침들을 자주 반영시켰는데, 그것은 일반적으로 모교회가 믿지 못할 정도였다는 점이었다.

모라비안들은 원래 진젠도르프(Zinzendorf) 백작의 영지에 정착한 모라비아 출신의 피난민 집단이었다. 이내 그들은 진젠도르프의 살아있는 신앙에 영향을 받았고, 그리하여 그들은 헌신적인 삶과 선교적 열정을 강력히 강조하는 집단으로 알려지게 되었다.

존 웨슬리(John Wesley)와 그의 동생 찰스(Charles)가 창립한 감리교파(Methodism)는 원래는 영국 국교회 안에서 일어난 운동이었다. 그리고 그것은 영국에 남기를 희망했다. 독일의 경건주의와 같이 그것은 작은 그룹이나 "속회"에 의해서 고무되는 개인적 경건을 주장했다. 결국 감리교파는 영국 국교회와 갈라섰고, 그리하여 하나의 독립 교회가 되었다. 이 감리교파는 대개 산업혁명의 후유증에 시달리던 대중 사이에서 성장했는데, 그 당시 이 산업혁명은 유럽의 다른 지역들에 앞서서 영국을 강타했다. 감리교파는 거의 초기단계에서부터 나중에 미국이 될 아메리카 대륙으로 확산되어 갔으며, 미국에서 대단히 강력하게 성장했는데, 특히 서부 변경에서 그러했다.

불행하게도 정통파들과 경건파들에게는 안되었지만, 어떤 단체들은 더 이상 교회나 믿음의 공동체 안에서가 아닌, 내적이고 개인적인 생활 영역에서 영적인 선택을 하고 하나님을 찾기 시작했다.

야콥 뵈메(Jacob Boehme, 1624년 사망)는 만일 우리에게 성령이 계시다면, 어떤 물리적인 수단도 필요하지 않으며 심지어는 성경조차 필요하지 않다고 주장했다. 조지 폭스(George Fox)는 "내적인 빛"에 대하여 가르쳤는데, 그는 그것을 교회의 권위에 견주었다. 그의 추종자들을 퀘이커교도(Quakers)라고 하는데, 이들 중 가장 유명한 사람으로는 펜실바니아를 창설한 윌리엄 펜(William Penn)이 있다. 뵈메나 폭스와는 대조적으로 임마누엘 스웨덴버그(Emmanuel

Swedenborg)는 고등교육을 받은 사람으로 자신이 받았다고 주장하는 계시들은 과학적 지식이나 탐구의 해답이요 절정이라고 확신했다.

또 다른 사람들은 유럽을 떠나 자신들의 복음에 필수라고 믿는 원리들—이 원리들은 때로 그들과 신념이 다른 사람들에게는 배타적이었다—에 맞는 사회를 건설하기를 희망하면서 새로운 곳으로 이주했다. 이렇게 해서 뉴잉글랜드(New England)라는 영국의 식민지가 탄생하게 되었다.

이 시기에 북아메리카에서는 '13개의 식민지'가 세워졌는데, 그 식민지들은 나중에는 미국을 탄생시키는 모태가 되었다. 이러한 식민지들의 역사는 다양하였다. 왜냐하면 이 각각의 식민지는 다양한 관심을 가진 사람들로 이루어진 집단들—이 각각의 집단은 관심을 같이 하는 사람들로 형성됨—이 건설하였기 때문이다. 비록 왕실이나 많은 기업가들이 경제적인 이유로 식민지를 건설했다 할지라도, 그 식민지들에 도착한 사람들 가운데는 종교적인 이유로 이주한 사람들이 많았다. 그리고 그들 중 일부는 식민지를 창설하기도 했다. 그리하여 이 식민지들에는 청교도, 로마 가톨릭교도, 침례교도 등이 대부분이었다. 또한 거기에는 독일의 재세례파들처럼 경제적인 이유 뿐만 아니라 종교적인 이유로 신세계를 찾아 유럽의 다른 여러 지역으로부터 이주한 사람들도 있었다.

18세기에는 '대각성운동'이 일어났다. 이 운동은 식민지를 휩쓸었고, 그리하여 일체감을 형성시켜서 결국에는 하나의 국가를 만드는 데 크게 기여하였다. 이러한 각성운동에서 가장 두드러진 인물로는 칼빈주의 신학자 조나단 에드워즈(Jonathan Edwards)가 있었다.

참고 도서

Dowley, *Introduction to the History of Christianity*, pp. 433-498.

González, *A History of Christian Thought*, vol. 3, pp. 248-346.

González, *The Story of Christianity*, vol. 2; 엄성옥 역, 『종교 개혁사』.

McManners, *The Oxford Illustrated History of Christianity*, pp. 269-99, 317-337.

Marty, *A Short History of Christianity*, pp. 271-293.

Shelley, *Church History in Plain Language*, pp. 327-370.

Walker, *A History of the Christian Church*, pp. 255-626.

제8장

19세기

이 시대를 근대의 가장 위대한 세기라고 부른다. 이 시대는 민주주의의 이상과 독립의 열기로 가는 길을 연 정치적 격변—북미의 독립, 프랑스 대혁명, 라틴 아메리카 국가들의 독립—으로 시작하였다. 이 새로운 국가들의 이상은 양심의 자유였다. 그래서 누구도 자신이 확신하지 않는 것을 강요당할 수 없다는 이상을 갖게 되었다.

미국의 독립으로 말미암아 신생 국가에 소재한 교회들에게는 대영 제국과 거기에 소재한 교회들간의 관계에 대한 문제, 그리고 다양한 종류의 교회들과 신생 주(州)들간의 관계에 대한 문제가 제기되었다. 결국 미국의 모든 교회들은 독립성을 가지게 되었고, 미국의 헌법은 정교분리(政敎分離)를 보장했다. 국경이—처음에는 원주민 부족들을 희생시키고 다음엔 멕시코를 희생시켜서—서부 지역으로 이동함에 따라, 새로운 정착지에서 급성장한 교회들이 생겨났는데 그러한 교회로 침례교회와 감리교회를 들 수 있다. 제2차 대각성 운동—이것은 제1차 대각성 운동과 유사함—은 이내 대단히 감정적인 분위기를 나타냈는데, 그때부터 그것은 나중에 "부흥회"(revivals)로 알려진 신앙부흥운동의 원형이 되었다. 이 부흥회는 많은 교회들이 관례적으로 실시하는 정기적인 축제가 되었다.

아마도 그 교회들이 직면한 가장 큰 도전은 노예 문제였을 것이다. 그것으로 인해 결국 남북전쟁이 일어났고, 그 결과 많은 교파로 분열되었다. 이러한 분열 현상은 계속되어 20세기로 넘어가는 경우도 많았다.

웨슬리교파 전통의 성장은 몇몇 "성결교회들"에서 나타났는데, 이들은 웨슬리교도의 주제인 '성화'(聖化)를 강조한 집단들이었다. 이러한 집단들 가운데에는 카리스마적인 특징을 발전시킨 집단들도 더러 있었다. 1906년에는 로스앤젤레스의 '아주사 가(街) 선교'(Azusa Street Mission)에서 대부흥이 폭발적으로 일어났는데, 이것으로부터 현대의 많은 오순절 운동이 파생되었다.

다양한 교파의 형태를 띤 북미 개신교는 이내 하나의 선교 세력이 되었는데, 그것은 세계 전지역에서 느낄 수 있을 정도였다. 이러한 과정의 결과로 세계 여러 지역에 새워진 교회들은 교파주의와 신앙부흥운동과 같은 특징을 보여주었는데, 그것들은 곧 북미 개신교의 전형이었다.

이 시기는 또한 새로운 신학 운동들과 성서해석들이 출현한 때였다. 그중 하나는 '세대주의'(dispensationalism)였는데, 그것은 사이러스 스코필드(Cyrus Scofield)가 쓴 주석성경이 출간됨으로써 많은 인기를 얻게 되었다. 다시금 북미 개신교의 영향력을 통하여 이 독특한 성서해석방법은 이내 세계 다른 지역들로 확산되었다.

이 시기에 새롭게 발견한 것들은 신앙에 대한 이전의 해석들과 종종 충돌하는 경우가 있었다. 많은 사람들은 현대 과학의 많은 이론들은 물론이고, 진화론은 성경의 계시와 완전히 배치된다는 결론을 내렸다. 그러한 충돌들이 빚어낸 결과들 가운데 가장 중요한 것은 근본주의였다. 그것은 1895년 나이아가라 폭포에서 열린 회의에서 선포된 기독교 신앙의 5개의 "근본 원리들"(fundamentals)이란 이름 때문에 붙여진 명칭이었다.

이 시기는 또한 기독교에서 파생된 요소들을 포함한 신흥종파들—몰몬교(Mormons), 여호와의 증인(Jehovah's Witnesses), 그리고 크리스천 사이언스(Christian Science) 등—이 출현했던 시기였다.

프랑스 혁명은 처음에 미국의 혁명을 주도한 이념과 매우 유사한 정치 이념이 주도하였다. 그러나 그것은 얼마 안되어 종교적인 문제로 길을 달리 했다. 프랑스에서 일어난 혁명운동은 초창기부터 기독교 신앙에 대한 적대감을 보여주다가, 결국에는 "이성 숭배"(worship of reason)를 공포했는데, 그 이성 숭배의 제단에서 많은 기독교인들이 희생되었다. 프랑스 혁명이 끝날 무렵, 정치는 옛 군주질서를 회복했음에도 불구하고 프랑스의 가톨릭 교회는 대단히 약화되어 있었다. 이와 같은 발전들과 유럽 전역에 펼쳐진 유사한 환경들에 대한 반응으로서 로마 가톨릭 교회는 점점 보수적인 성향으로 변했고, 가톨릭 교회의 위계질서는 자유와 민주주의

라는 새로운 이상들을 반대하기에 이르렀다.

라틴 아메리카에서 독립을 주장하는 운동들은 가톨릭의 위계질서와 충돌하게 되었는데, 그 위계질서에 속한 사람들 대부분은 왕실에 충성하는 사람들이었다. 독립된 후에 신생국가들은 스페인과 포르투갈의 왕실에 넘겨주었던—"왕실 보호"로 알려진—옛 권리를 되찾았는지 아닌지 하는 문제를 다룰 필요가 있었다. "자유주의자들"(대개 상인, 기업가, 그리고 새로운 부르주아에 속한 사람들)과 "보수주의자들"(구태의연하고 토지를 소유한 귀족들의 이익을 대변하는 사람들) 사이의 끊임없는 정쟁(政爭)은 교회, 교회의 위계질서, 그리고 성직자들이 누리던 옛 특권에 대한 양편의 상충적인 태도들과 밀접한 관련이 있었다. 느리게 그리고 많은 노력을 통하여 신생 정부들과 가톨릭 교회 사이의 다양한 타협이 이루어졌다. 그러나 그러한 타협에도 불구하고 성직자들을 반대하는 강력한 경향이나 정서가 오랫동안 지속되었다.

이것은 그 이전부터(17-18세기) 유행했던 합리주의와 결합되어 많은 사람들은 단지 엄격한 합리적 믿음만이 근대 세계에 잘 어울릴 수 있다고 생각하게 되었다.

특히 독일과 그 이외의 지역의 개신교 신학자들이 그러한 태도를 보였다. 이것이 19세기에 많은 사람들이 추종한 "자유주의"(liberalism)라는 신학적 입장의 기원이었다.

신앙을 재해석함으로써 근대의 도전에 응한 최초의 개신교 신학자는 프리드리히 슐라이엘마허(Friedrich Schleiermacher)였다. 그는 프로테스탄트 신학에서 중요한 위치를 차지한다. 그에 의하면 기독교 신앙이란 교리나 도덕에 관한 문제가 아니라 하나님께 대한 절대 의존의 감정에 관한 문제이다. 그러한 감정을 근거로 하여 슐라이엘마허는 그렇게 근대적인 실재관과 상충되지 않는 방식으로 기독교의 주요 교리들을 재해석했다. 그런 이유 때문에, 그를 "자유주의의 시조"란 적절한 이름으로 부른다.

종교와 그것의 역사에 대한 모든 해석을 포함한 헤겔(Hegel)의 철학은 이내 대단한 인기를 얻었다. 그리하여 많은 사람들은 헤겔의 체계야말로 기독교 신앙에 관한, 심지어는 모든 실재(reality)에 관한 최후의 해석이요 가장 훌륭한 해석이라고 확신했다. 그러한 견해로 말미암아 헤겔은 덴마크 신학자이자 철학자인 키에르케고르(Søren Kierkegaard)의 공격을 받게 되었다. 그는 기독교는 우주공간에 몸을 던지는 것과 같은 근본적인 결단의 문제라고 주장했다. 그는 또한 근본적인 실재―이것을 통하여 다른 모든 실재를 경험하고 해석하게 됨―는 실존이라고 주장했다. 그는(헤겔에 반대하여) "실존"(existence)이 "본질"(essence)보다 위에 있다고 주장했다. 그렇게 하였기 때문에 그는 지금까지 실존주의의 창시자로 일컬어지고 있다.

바우어(F. C. Baur), 하르낙(Adolf von Harnack), 리츨(Albrecht Ritschl)과 같은 사람들은 성서의 역사와 기독교의 역사를 연구하는 데 전념했다. 이러한 연구들은 기독교 신앙에 관한 문제들을 명료하게 만들었을지라도, 그것들은 또한 그때까지 당연한 것으로 생각해 왔던 많은 조항들에 대하여 의심을 품게 만들기도 했다. 그 결과 평범한 신앙인들의 단순한 믿음과 학자들이나 신학자들의 훨씬 더 현학적인 해석들 사이의 차이는 더욱 심화되고 말았다. 이러한 신학적인 발전들에 대한 반동으로 근본주의가 생겨났고, 또한 자기네 교파나 교회의 전통에서 정통주의를 보존하고자 힘쓰는 다른 운동들도 생겨났다.

한편 프로테스탄티즘 혹은 적어도 개신교 신학자들과 지도자들이 근대의 새로운 물결을 따라간 반면에 로마 가톨릭은 정반대의 길을 갔다. 교황 피우스 9세는 사실상 근대적인 것—민주주의, 양심의 자유, 공립학교 제도—으로 보일 수 있는 것들을 이단적인 것으로 단죄하였다. 또한 바로 이 시기에 이러한 반동적인 정책으로서 교황은 무오하다고 정식으로 선언하였다(제1차 바티칸 공의회, 1870년).

프랑스혁명과 그것이 종교에 대하여 취한 태도에 대한 대응으로, 교황은 반(反) 근대적인 입장을 공개적으로 표명했다. 가톨릭 교회의 신앙을 근대적인 견지에서 해석하려 했던 신학자들은 정죄와 파문을 당했다.

이러한 태도는 교황 피우스 9세(1846-1878년)의 재위 기간에 그 절정에 달했는데, 그는 마리아의 순결 잉태 교리를 세상에 선포했다(1854년). 몇 년이 지난 후, 그는 "오류 목록"(Syllabus of Errors)을 공포했는데, 거기에서 그는 민주주의, 사상의 자유, 그리고 종교의 자유와 같은 많은 근대의 사상들을 정죄했다. 마침내 1870년의 제1

차 바티칸 공의회에서 교황 피우스 9세의 주도하에 교황 무오 교리를 공포했다(의미심장하게도 이 마지막 사건은 교황의 현세적 권력에 대한 종말과 일치하였다. 이론적으로 교황은 독립된 바티칸 시를 관할하는 작은 권력만 갖게 되었다).

그 다음 교황인 레오 13세는 비록 모든 노동조합원은 가톨릭 신자이어야 한다고 주장했을지라도, 노동 관계들과 관련한 문제들에 대해서 비교적 더욱 진보적인 입장을 보여주었다. 그밖의 거의 모든 문제들에 있어서 그는 피우스 9세의 보수적인 노선을 따랐다. 20세기 전반기의 모든 교황들이 취한 태도는 대체로 그와 같다. 그러므로 혹자는 가톨릭 교회에서 19세기는 교황 피우스 12세가 죽을 때(1958년)까지 계속되었다고 말할 수 있다.

다른 한편, 유럽에서는 많은 사람들이 기독교가 과거 속으로 사라져 가고 있다고 생각했다. 그러나 반면에 정확히 말해서 바로 그 시기에, 기독교 신앙은 광범위한 지역으로 팽창되어서 최초로 보편적인 신앙이 되었다. 확실히 19세기 교회사에서 가장 중요한 사건은 기독교의 선교 확장, 특히 아시아·태평양·아프리카·이슬람교 세계와 라틴 아메리카에서 있었던 개신교의 선교 확장이었다.

19세기는 개신교 선교의 위대한 시기였음은 물론이고, 유럽의 위대한 식민지주의의 세기였다. 식민지주의가 성장하고 성공하게 된 것은 일련의 정치적, 경제적, 기술적 및 그외 다른 환경들에 기인한 것이었다. 그러나 바로 그 식민지주의의 성공으로 인해 선교적인 관심과 선교 사업에 대한 눈을 뜨게 되었다. 그 결과 신생 교회들은 자주 신앙을 대표했을 뿐 아니라 그들에게 선교사들을 파송한 국가들의 정치적, 경제적 이익을 대표했다.

아시아에서 최초로 선교사들의 관심을 끈 곳은 인도였다. 인도는 특히 윌리엄 캐리(William Carey)의 관심을 끌었는데, 그는 최초로 근대적 선교를 주창한 위대한 선교사였다. 그는 19세기의 많은 선교 운동의 분위기를 조성하는 데 많은 역할을 했다. 그뿐 아니라 그는 에큐메니칼 운동의 선구자이기도 했다. 그는 다양한 선교 사업들 사이의 협력을 요구했는데, 오래지 않아 대부분의 교회 지도자들이 그 요구에 따라주었다. 동남 아시아에서는, 애디노램 저드슨(Adinoram Judson)이 캐리처럼 유명하게 되었다. 중국에서는 여러 번의 실패와 부분적인 성공이 있은 후에, 선교사들은 그 악명 높은 아편전쟁(1839-1842년) 덕분에 중국 본토로 들어갈 수 있었다. 대영제국은 아편 무역을 보호하기 위해서 중국과 전쟁을 하였다. 그 결과 중국은 통상에 관한 방대한 양보를 처음에는 대영제국에, 다음에는 서방의 열강들에게 해야만 했다. 그러자 이내 중국에는 수천 명의 선교사들이 들어와 활동하게 되었고, 마침내 일시적으로 중국의 중요한 지역들을 손에 넣는 데 성공한 기독교는 성령 감화에 의한 중국 혁명 운동이 일어나게까지 했다. 일본에서의 선교는 중국과 유사한 과정을 겪었다. 일본은, 미국의 해군 전대(戰隊)가 일본을 위협하여 강제로 정책을 바꾸도록 할 때까지, 외국인들의 입국을 허락하지 않았다. 이렇게 선교사들은 일본에 들어가

기 위해서 이 "문호개방"을 이용했다.

  태평양의 섬들에서는, 쿡(Cook) 선장의 항해로 인해 선교 뿐만 아니라 무역을 위한 길이 열리게 되었다. 태평양 섬에 거주하는 많은 사람들이 기독교를 잘 받아들였다. 그리고 그들은 곧 인접한 섬을 찾아가 기독교를 전하는 선교사가 되었다.

  19세기초에도 아프리카는 유럽인들이 거의 탐험하지 않았던 곳이었다. 그러나 아프리카는 1900년까지 유럽의 몇몇 열강들에 분할되었다. 여기에서 다시금 식민지주의와 선교는 손을 잡았다. 선교사들은 근대의 이기(利器)들로 보이는 것들을 아프리카로 가져오기 위하여 종종 식민지주의를 조장했고, 식민지주의의자들은 자신의 목적을 이루는 데 선교사들을 이용했다. 이러한 예는 아프리카에서 가장 유명한 선교사였던 리빙스톤(David Livingstone)의 삶과 활동에서 볼 수 있는데, 그는 아프리카 대륙의 남부 지역에서 활동했다. 리빙스톤은 복음을 전파하는 데 전념하면서, 동시에 그는 근대적인 무역을 소개하는 것이야말로 노예 무역에 종말을 고하게 하는 것이라고 확신하고, 영국 정부의 대리인으로서 그리고 영국 팽창주의에 동조하는 자로서 수시로 아프리카를 넘나들었다.

  이슬람 세계 또한 유럽의 열강들의 식민지가 되었지만, 그곳에서의 선교활동은 다른 곳에서처럼 성공적인 것이 못되었다. 이슬람권의 많은 지역에는 이미 고대적인 교회들이 현존해 있었기 때문에 많은 선교사들은 그러한 교회들을 개혁하고 근대화하려고 했다. 이로 말미암아 나타난 결과들 가운데 중요한 것은 아마도 일부 고대교회들이 선교사들이 제안한 교회혁신을 받아들였으나, 대부분의 교회들이 이것을 거부함으로써 생긴 여러 고대교회들의 잦은 분열이었다.

또한 19세기는 개신교가 최초로 라틴 아메리카에 침투하여 활동했던 위대한 시기였다. 개신교는 가톨릭 교회와 그것의 보수적인 동맹 세력의 힘을 억제하기를 원하는 자유주의 노선을 따르는 정치 지도자들의 많은 지원을 받아서 라틴 아메리카의 전 지역에서 뿌리를 내리고 발전해갔다. 가장 초창기 개신교가 그렇게 성장하게 된 것은 스코틀랜드, 영국, 독일, 및 유럽의 다른 국가들로부터 온 정착자들의 이주에 기인한 것이 많았다. 그들은 스페인이나 포르투갈과의 전통적인 결속관계를 약화시키고, 민주주의와 자유의 이상을 강화하고자 한 신생 독립국가들의 권유를 받고 이주했던 것이다. 최초의 개신교 선교사들의 대부분은 영국인들과 스코틀랜드인이었으나, 얼마 지나지 않아서 북미에서 온 사람들의 수가 점점 증가했다. 19세기 말엽에 라틴 아메리카 대부분의 국가들에는 비교적 견고한 토대 위에 세워진 개신교 교회들이 존재했다.

참고 도서

Dowley, *Introduction to the History of Christianity*, pp. 499-568.

González, *A History of Christian Thought*, vol. 3, pp. 347-427.

González, *The Story of Christianity*, vol. 2, pp. 233-324; 엄성옥 역, 『현대 교회사』.

McManners, *The Oxford Illustrated History of Christianity*, pp. 338-549.

Marty, *A Short History of Christianity*, pp. 294-335.

Shelley, *Church History in Plain Language*, pp. 371-436.

Walker, *A History of the Christian Church*, pp. 627-709.

제9장

20세기와 근대성의 종말

우리가 교회사를 여러 시대로 구분하는 목적을 위해서도, 1914년 제1차 세계대전의 발발로 19세기는 끝났다고 말하는 것이 좋을 듯하다. 따라서 20세기란 1914년부터 현재까지를 말한다. 20세기 초의 합리주의 원칙들은 특히 과학과 기술에 적용하였을 때와 마찬가지로 예기치 못한 결과들이 발생했다.

근대의 절정기에, 인류는 축복받은 풍요와 즐거움의 시간 속으로 다가가고 있다고 믿었다. 모든 인간의 문제는 궁극적으로 이성과 그 자매격인 기술을 통해서 해결할 수 있다고 생각했다. 북대서양의 산업화된 국가들(유럽과 미국)은 세계를 약속 있는 미래로 인도할 수 있을 것이라고 생각했다.

그러나 20세기는 그러한 희망에 종지부를 찍었고, 일련의 사건들로 인해 그러한 근대의 약속이 한낮 꿈이었다는 것이 증명되었다.

오늘날 우리는 식민지주의를 다른 시각으로 고찰할지라도, 19세기와 20세기 대부분을 거치면서 식민지주의 세력들은 도덕과 종교를 구실로 삼아 자기들이 벌이는 사업을 정당화시키고자 했다. 일반적으로 과학, 기술, 그리고 진보를 서방세계가 세계의 다른 지역들에 대하여 이룩한 위대한 공헌으로 생각하였다. 그러므로 이러한 혜택들을 세계의 "후진국의" 사람들에게 제공하는 것은, 심지어는 필요한 경우에 강제로 그렇게 하는 것은 "백인의 의무"였다—미국에서는 국가의 "명백한 사명"에 대한 신조가 종종 "백인의 의무"(the White man's burden)와 유사한 역할을 했다. 따라서 식민지주의 세력들과 그들의 기업가들은 식민지 체제와 신식민지 체제를 기반으로 하여 부를 쌓을지라도, 그들은 '결국 온 인류는 그 식민지 개척자들이 가져온 진보로부터 혜택을 누리게 될 것이므로 그것은 정당화된다'고 주장했다.

그러나 20세기 동안에 있었던 일련의 모든 사건들은 비록 근대의 기술이 주는 이익이 중요할지라도, 그것은 또한 값비싼 대가를 치르게 할 수 있다는 사실을 보여주었다. 1914년에서 1944년 사이의 30년 동안 사실상 온 인류는 2번에 걸친 "세계 대전"에 휩쓸리게 되었다. 이 세계 대전들이 끼친 영향은 정말로 세계적인 것이었다 할지라도, 그러한 전쟁들은 대개 서방의 열강들 사이의 갈등 때문에 발발한 것이었다. 그러한 전쟁들을 치르면서, 근대의 기술을 사용하게 되고 그 결과 과거의 어떤 전쟁에서보다 더욱 많은 사상자—특히 민간인 사상자—가 발생하게 되었다.

러시아에서 다음엔 수십 개의 국가에서 권력이 모든 사람, 특히 가난하고 압제 당하는 사람들에게 더욱 나은 삶을 약속하는 공산주의로 넘어갔다. 70년 동안의 사회적 실험과 4년 동안의 "냉전"(冷戰)을 거친 후, 공산주의가 말을 바꾸면서 제시한 약속은 실현 불가능한 것이었다는 사실이 분명해졌다.

비록 작은 규모이기는 하지만 이와 같이 비극적인 결과를 가져온 것이 있었는데 그것은 대단히 가난한 몇몇 국가들이 내전을 치르게 된 것이다. 이 내전에서 "진보"된 기술은 그 자체가 사람의 생명을 효과적으로 파괴할 수 있는 가능성을 충분히 가지고 있다는 사실을 보여 주었다.

더구나 보다 평화적인 목적으로 사용함에 있어서까지, 근대 기술의 진보는 세계 전 대륙에서 생태학적으로 심각한 불균형을 야기시켰다. 불과 수십 년이라는 짧은 기간에 천년 동안 보존되었던 산림이 전부 사라졌고, 큰 강들은 생명을 유지할 수 없는 화학적인 하수구가 되었으며, 심지어 오염이 극도로 심각한 지역에서는 호흡하는 것조차 위험한 상태가 되었다. 이 모든 것들로 인하여 사람들은 이 지구에서는 근대가 열광적으로 약속하고 장려했던 인간의 삶을 유지하는 것이 불가능할 수 있다는 의심을 점점 더 하게 되었다.

세계 도처에서 탈 식민지화가 급속하게 진행되었다. 이것 또한 근대성의 종말의 한 단면이었다. 왜냐하면 사람들은 실제로 지금까지 식민지 경영을 정당화하기 위해 사용해 오던 근대의 약속에 불신을 나타내기 시작하였기 때문이다. 아시아, 아프리카, 라틴 아메리카에서 식민지주의와 신식민지주의에 대항하여 정치적이며 지성적인 강력한 반발이 나타났다.

20세기 초에 아프리카의 전 대륙은 사실상 유럽의 지배하에 있었다. 20세기 말 무렵, 아프리카의 지도는 수십 개의 신생 독립국가가 있는 지도로 완전히 바뀌었다. 이와 유사한 변화가 아시아, 태평양, 그리고 카리브 해에서도 일어났다. 라틴 아메리카에서는 그곳의 대부분이 19세기 이래 계속해서 정치적인 독립을 획득해 왔다. 이곳에서는 경제 신식민지주의에 대한 훨씬 더 큰 저항이 있었다. 세계 전역에서는 지금까지 가리워 있었고, 심지어는 식민주의의 영향으로 압제당해온 고대의 전통, 관습과 문화에로 복귀하려는 운동이 있었다. 그러므로 교회는 이전에 사라졌거나 무기력하게 보였던 종교들과 전통들에 대처하지 않으면 안되게 되었다.

이러한 사건들이 교회의 생명에 미치는 영향을 이해하기 위한 가장 간단한 과정은 기독교의 세 지류(支流), 즉 동방 정교·로마 가톨릭교·개신교가 걸어온 길을 추적하는 것이다.

20세기 초, 동방 정교회 전체는 러시아 혁명과 그것이 동유럽에 끼친 영향으로 동요를 겪었다. 소련(현재의 러시아 국가연합)에 적용한 마르크스주의(Marxism)는 근대성이 제시한 또 다른 약속이었다. 그러나 20세기 말이 되면서 분명해진 것은 소련의 국가 경영은 실패하였으며, 강력한 정부의 수십년간의 압제 하에서도 살아남은 러시아 교회(the Russian church)가 새 생명의 징조를 보이고 있다는 점이다.

19세기와 20세기에 걸쳐서 일어난 옛 투르크 제국(Ottoman Empire)의 분할로 인하여 그리스, 세르비아, 불가리아, 그리고 루마니아와 같은 국가들에서는 콘스탄티노플로부터 독립한 몇몇 민족주의 교회들이 생겨났다. 이러한 교회들 가운데 몇몇 교회들은 20세기의 대부분을 적대적인 정부(처음에는 이슬람 정부, 다음엔 공산주의 정부) 하에서 생존했다. 그러나, 그럼에도 불구하고 그 교회들은 생명력있는 모습을 보여주었다.

러시아 정교회와 소련의 여러 지역에 소재한 다른 동방 교회들은 정부로부터 강력한 압박을 받았다. 많은 사람들은 이 교회들이—부분적으로 그 교회들이 협박을 당했기 때문이고, 다른 부분적으로는 근대가 요구하는 것들에 적응하기를 거부했기 때문에—사라지고 말 것이라고 생각했다. 그러나 그 교회들은 공산주의 체제보다 더 오래 생존했고, 시련기를 벗어나 힘차고 생명력있는 모습을 보여준 것은 사실이다. 이렇게 된 원인의 상당 부분은 정통교리가 간직하고 있는 예배와 교리문답에 대한 전통들에 있었다. 서방의 많은 교회들은 그 전통들의 가치를 이해하지 못했다. 그럼에도 불구하고 그 전통들은 그토록 어려운 환경에서도 신앙을 강화시키고 유지시킬 수 있다는 사실을 서방 교회들에게 보여주었다.

20세기 전반기 내내 로마 가톨릭교는 근대성의 여러 가지 관점들과 다툼을 계속했다. 1958년 교황 요한 23세의 즉위와 함께 로마 가톨릭교는 근대 세계에 자신을 개방하기 시작했다. 그러나, 그때에 이어 세계는 포스트모더니티(postmodernity)로 급속하게 나아가고 있었으며, 제2차 바티칸 공의회 이후 발달한 신학은 초기 세대가 취한 반발적 태도에 근거하기 보다는 근대성을 초월한 미래로의 전망에 근거해서 근대성을 끊임없이 비판하였다.

20세기 전반기에 재위한 교황들은 전임자들의 정책을 계속 이행했다. 그들에게 있어서 중요한 것은 어떤 희생을 치르고서라도 교회와 그것의 특권을 수호하는 것이었다. 그러므로 그들 가운데에는 파시즘에 대하여 동정적인 태도를 보이는 교황들도 더러 있었다. 그리고 어느 누구도 20세기 전반기에 일어난 도전들과 비극들을 보면서 용감하게 바른 말을 하는 교황은 한 사람도 없었다. 바티칸은 보다 개방적인 신학적 견해를 가장 거리낌없이 옹호하는 사람들을 침묵하게 만들었다.

이러한 태도는 요한 23세가 교황으로 즉위하면서 바뀌게 되었다. 그는 교회를 현대 세계에 개방하고 일반 대중의 현실적인 욕구에 응답해야 할 필요가 있다는 것을 알았다. 바로 그런 이유로 그는 제2차 바티칸 공의회를 소집했다. 그 공의회에서 대부분의 주교들은 대개 가난한 제3세계의 교회들을 대변했다. 앞의 교황들에 의해 침묵을 강요당해 왔던 여러 명의 신학자들이 자문위원(periti)으로서 그 공의회에 참석했다. 그러므로 그 공의회는 현대 세계의 "기쁨과 희망, 고통과 고민"을 함께 하는 결속을 선언했다. 그리고 그 공의회는 양심의 자유, 각자의 문화와 환경에 적합한 예배의식의 개발, 자기 지역의 언어로 미사를 집전하는 것 등을 찬성하는 조치를 마련했다.

요한 23세의 사망으로 인하여 그가 추진해 온 어떤 것은 상실되기도 했지만, 속박에서 벗어난 힘들을 억누를 수는 없었다. 그리하여 로마가톨릭 교회는 새로운 생명력을 가지고 포스트모던니즘의 미래에 직면하게 되었을 뿐 아니라, 내부의 강력한 반대에서 오는 고통을 겪게 되었다.

개신교의 경우, 유럽에서의 자유주의 신학자들의 낙관론은 두 번에 걸친 세계 대전으로 산산이 부서졌다. 미국에서는, 그 영향이 비록 미미하다 할지라도, 그와 유사한 것이 발생했다. 칼 바르트(Karl Barth)의 자유주의 신학에 대한 반란은 포스트모더니즘의 신학이 필요하다는 것을 어렴풋이 나타낸 최초의 사건이었다. 20세기 후반에 미국에서 발생한 시민권을 위한 투쟁, 사회적 갈등과 위기들이 그와 비슷한 역할을 했다.

20세기의 전반기 동안 유럽은 계속해서 개신교 신학 활동의 중심지였다. 이 시기에 활동한 신학자들 가운데 가장 두드러진 인물은 칼 바르트였다. 그는 자기 스승들이 전개한 자유주의 신학에 반발하여 "하나님 말씀의 신학", "위기의 신학", "신정통주의"를 주창하였다. 그의 가르침을 상세히 이해하는 사람은 소수였을지라도, 그가 끼친 영향은 굉장한 것이었기에 사람들은 그를 자유주의 신학에 종지부를 찍은 신학자라고 말했다.

이 새로운 신학을 근거로 독일 개신교에 속한 몇몇 교회들은 나치주의에 대항할 수 있었는데, 특히 그 교회들이 "바르멘 선언"(Barmen Declaration)으로 나치주의와 맞선 것은 유명하다. 그 신학은 그 당시의 가장 유명한 순교자 본회퍼(Dietrich Bonhoeffer)의 영감에서 나온 것이었다.

유럽에서 전개된 신학 활동들 가운데 많은 부분은 마르크스주의와의 대화에 전념했다. 특히 다른 마르크스주의자들이 정통 마르크스주의자로 여기지 않은 어떤 사상가들과의 대화에 전념했다. 이 일을 수행한 가장 유명한 신학자로는 체코 사람 로마드카(Hromádka, Josepp L.)가 있었다.

동시에 근대의 전형이었던 세속화 과정이 서유럽에서 계속되었는데, 거기에서 교회 생활에 능동적으로 참여하는 사람들의 수는 계속해서 줄어들었다.

미국에서 일어난 사건들은, 그것들이 유럽의 경우보다 극적인 성격이 덜할지라도 유럽과 유사한 길로 걸었다. 니버 형제(H. Richard Niebuhr and Reinhold Niebuhr)는 유럽의 바르트와 유사한 역할을 했다. 마르틴 루터 킹(Martin Luther King Jr.) 목사의 주도로 이루어진 아프리카 출신 미국인의 시민권을 위한 투쟁은 철저한 복종—즉, 하나님께의 복종과 불의한 인간의 법에의 불복종—의 기회를 제공했는데, 이것은 유럽의 나치주의하에 있었던 철저한 복종의 문제와 유사한 것이었다. 또한 미국에서는 서유럽의 경우보다는 정도는 덜하지만 세속화의 과정이 분명히 있었다.

다른 한편, 기독교의 전통들 안에서 반식민지주의와 견줄만한 운동이 일어났다. 선교 사업의 결과 출현한 "신생"(younger) 교회들은 자신의 자치권과 복음을 자신의 상황 안에서 그리고 자신의 관점으로 해석할 수 있는 권리를 요구하기 시작했다. 라틴 아메리카에서 이러한 경향을 나타내는 두 가지 놀랄만한 증거가 있는데, 오순절 운동과 해방신학의 탄생이 그것이었다. 세계 전역에서 모든 여성들 뿐만 아니라 교회 내에서 인종적, 문화적으로 소수 민족에 속한 사람들이 자기들의 말에 귀를 기울일 것을 주장했다.

아시아, 아프리카, 라틴 아메리카에서는 각각의 지역이 처한 정치적 환경, 경제적 환경, 문화적 환경을 고려하는 신학의 새로운 흐름이 나타났다. 기독교 세계 전역에서 여성 뿐 아니라 소수 민족들은 '전통 신학은 자기들이 처한 상황이나 자기들이 가지고 있는 경험에 응답하지 못한다'고 주장하기 시작했다. 그로 인하여 "상황 신학"으로 알려진 수많은 신학들이—비록 지금까지의 모든 신학이 언제나 상황적이었다는 것이 사실일지라도—생겨났다. 예를 들면, 라틴 아메리카의 해방신학, 다양한 여성신학들, 미국과 기타 지역에서 생겨난 흑인 신학 등이 바로 그것이다. 이러한 신학들은 각기 나름대로 신학적인 대화를 풍성케 하고, 교회에—종종 무시되거나 잊혀져 왔던—복음의 여러 차원을 인정할 것을 요구했다. 어느 정도는 이러한 신학들의 발전이야말로 근대의 종말을 알리는 표징이라고 말할 수 있는 것이다. 그런데 그 근대는 온 세계가 당연히 서방의 엘리트들의 사고방식과 행동방식을 수용하게 될 것으로 생각했다.

그와 유사한 일이 오순절 운동에서 일어났다. 많은 증거를 포함하는 이 운동은 놀라울 정도로 세계 전역으로 파급되었다. 특히 라틴 아메리카에서 놀라운 진보가 있었다. 이 운동이 초창기에는 신학적인 숙고와 신학적인 질문에 대하여 의심을 받았을지라도, 20세기 말쯤에 가서는 훌륭한 신학자들을 많이 보유하게 되었을 뿐 아니라, 기독교 신학계에 영향을 주기 시작하고 있었다. 이것 또한 근대성의 종말을 알리는 표징이었다. 왜냐하면, 근대성에서는 그것이 절정에 이르렀을 때에 기적을 믿는 것이나 성령 임재의 경험을 믿는 것이나 가령 방언을 말하는 것과 같은 은사를 믿는 것은 과거의 무지에 관한 문제로 생각되었기 때문이다. 오늘날 근대성이 실패의 징조를 보이고 있다면, 그러한 징조들 가운데 하나는 틀림없이 오순절 운동의 성장과 그것이 주는 영향력일 것이다.

그 결과 새로운 에큐메니즘이 생겨났다. 이 에큐메니칼 운동은 대개 선교 사업과 그에 관한 반영에서 비롯되었다. 이제, "신생" 교회들의 성장과 함께 이러한 에큐메니칼 운동은 새로운 전환점에 들어섰다. 그리고 그와 마찬가지로 선교운동에 있어서도 선교로 발생한 신생 교회들이 점차 능동적인 역할을 하게 되었다고 말할 수 있다.

현대 에큐메니칼 운동은 많은 요소들로부터 태어났는데, 특히 선교 운동으로부터 태어났다. 그것은 선교지에서 사역하는 이들이 기독교인들 사이의 분열이야말로 다른 사람들을 회심시키는 데 가장 큰 장애물 중의 하나라는 사실을 깨닫게 되었기 때문이었다. 그 결과 몇몇 선교단체들이 회합을 갖고 다양한 선교 사업들 간의 협력과 교류의 증대를 모색했다. 이러한 회의들 가운데 가장 중요한 회의가 1910년에 스코틀랜드의 에딘버러(Edinburgh)에서 개최되었다. 그 회의는 '국제선교협의회'(IMC), '신앙과 직제 운동'에 기초를 두고, 마침내는 '세계교회협의회'(WCC)의 토대가 되었다. 오랫동안 이러한 기구들과 이들과 유사한 다른 기구들은 기독교인들간의 일치를 추구함에 있어서 주요한 역할을 했다.

그러나, 신생 교회들의 성장과 특별히 서방교회의 선교와 직접적인 관련이 없는 토착민 교회들의 성장으로 그러한 상황은 변화를 겪게 되었다. 세계교회협의회와 기타의 유사한 기관들이 기독교인의 일치를 표현하기 위해 힘쓰고 있던 바로 그 시간에 세계의 각 나라와 지역에서는 기독교인 사이의 일치와 협력에 대한 다른 표현들이 나왔다. 몇몇 나라들에서는 소위 신생 교회로 불리는 많은 교회들이 하나로 통합되었다. 그리하여 이 신생 교회들은 자기들이 그들의 모교회들보다 더욱 큰 융통성과 창의성을 가지고 있음을 보여주었다. 다른 지역에서는 해외의 자금이나 지원 없이, 오로지 지역의 자원에만 의존하는 선교협의회들과 공공봉사단체들이 발전해 갔다.

그러나 참으로 교회사의 새 시대의 시작을 알리는 사건은 기독교의 인구 통계학적인 구성과 지리적인 분배에서 일어난 변화이다. 이것은 매우 주목할만한 것이다.

"1900년에는 전체 기독교인의 49.9%가 유럽에 거주했다. 1985년에는 그 수가 27.2%로 추산된다. 또한 1900년에는 전체 기독교인의 81.1%가 백인이었다. 그러나 현재의 추세대로 나간다면

2000년에는 그 수가 39.8%로 감소될 것이다. 따라서 제3세계에서 나타나고 있는 여러 가지 신학들을 어떻게 평가할 것인가는 유보한다 하더라도, 21세기는 남반구가 북반구를 향해 거대한 선교 사역을 펼칠 것이라고 예상된다. 그리하여 불과 한 세기 전만 해도 '세계의 끝'으로 간주되었던 나라들이 일찍이 자기들에게 복음을 증거해주었던 이들의 후손에게 복음을 전할 기회를 갖게 될 것이다."*

참고 도서

Dowley, *Introduction to the History of Christianity*, pp. 569-640.

González, *A History of Christian Thought*, vol. 3, pp. 428-476.

González, *The Story of Christianity*, vol. 2, pp. 325-398; 엄성옥 역, 『현대교회사』.

McManners, *The Oxford Illustrated History of Christianity*, pp. 551-665.

Marty, *A Short History of Christianity*, pp. 336-354.

Shelley, *Church History in Plain Language*, pp. 437-495.

역자 후기

이 책은 유스토 L. 곤잘레즈의 *Church History: An Essential Guide* (Abingdon Press, 1996)를 완역한 것이다. 저자에 관해서는 이미 그의 책이 우리 나라 말로 번역된 것이 있기 때문에 긴 소개가 필요없을 것이다. 그의 저서 *The Story of Christianty*(2 vols.)는 엄성옥씨가 『초대교회사』, 『중세교회사』, 『종교개혁사』, 그리고 『현대교회사』라는 책명으로 도서출판 은성에서, *A History of Christian Thought* (3 vols.)은 이형기, 차종순 두 교수가 『기독교 사상사』(3권)라는 제목으로 대한예수교장로회출판국에서 이미 각각 번역 출판하였다. 이 책들은 모두 곤잘레스의 중요한 책들로 높이 평가받고 있는 것들이다.

곤잘레스는 쿠바 출신의 감리교 목사이다. 그는 미국 예일(Yale) 대학교 대학원에서 M.A.와 Ph.D. 학위를 받았으며, 애틀랜타(Atlanta), 에모리(Emory), 국제신학센터(International Theological Center) 등에서 다년간 교수생활을 하였고, W.C.C.의 신앙과 직제 위원을 역임하기도 했다. 우리가 그의 저서에 특별한 관심을 갖는 것은 다른 책에 비해서 비교적 제3세계의 신학적 시각을 그가 가지고 있다고 보기 때문이다.

최근에 와서 우리 나라 학자들이 저작 혹은 번역으로 교회사 분야의 책들을 계속 출판하고 있는 것은 매우 환영할 일이다. 그 동안 교회사 분야의 책은 다른 분야에 비해서 매우 빈곤했던 것이 사실이었다. W. Walker의 *A History of the Christian Churh*은 몇 개의 번역판이 나왔고, C. L. Manschreck, *A History of Christianty in the World*, Earle E. Cairns, *Christianty through the Centuries*, Bruce L. Shelley, *Church History in Plain Language*, A. Franzen과 John P. Dolan의 *A History of the Church* 등이 번역 출판되었으며, 이형기 교수의 『세계교회사』(2권)가 출판되었고, 그 외에도 신학사, 교리사, 초대교부들의 글, 교회사의 고전에 속하는 책 등이 번역되었다.

이것은 교회사에 대한 관심이 높아지고 있다는 증거일 것이다. 사실 교회사는 모든 신학 학문의 기초가 된다. 또한 교회사 속에는 모든 신학 분야가 포함되어 있다. 그러므로 교회사에 대한 지식이 있으면 다른 신학 분야을 건전하게 이해할 수 있다. 그런데 교회사 분야가 너무 광범위하여 교회사의 핵심을 요점적으로 파악하기가 쉽지 않다. 대부분의 신학도들이 교회사 책을 읽어도 그 내용이 잘 정리가 되지 않기 때문에 교회사에 대한 흥미를 잃고 교회사를 가까이 하는 것을 두려워한다.

더욱 최근의 대학 교과과정의 변화로 인해 교회사를 핵심적인 것만을 간추려서 강의할 수밖에 없게 되었다. 또 신학도들도 방대한 교회사 책을 정독하기에 앞서서 본질적인 내용을 먼저 파악하고 읽는 것이 필요하게 되었다. 이와 같은 요청에 적절하게 응한 책이 이번에 번역을 한 곤잘레스의 *Church History: An Essential Guide*이다. 이 책은 저자가 서론에서 밝혔듯이 학생들이 교회사를 읽을 때 무엇이 근본적인 것이고 무엇이 부차적인 것인지를 분별할 줄 알게 하고, 교회사를 이해하기 위한 길을 안내하려는데 그 목적을 두고 있다. 따라서 엄격한 의미에서 이 책은 교과서가 아니라 안내서(Guide Book)이다. 독자는 이 책을 읽으면서 각 장마다 그 장과 관련된 책들과 그 쪽(pages)까지 제시해 놓은 것을 발견할 것이다. 따라서 독자는 이 책의 각 장을 읽고 나서 소개되어 있는 참고 도서의 해당 부분을 읽으면 분명한 이해가 될 것이다. 이 책을 통해서 신학도들은 이미 번역된 곤잘레스의 교회사의 안내를 받기를 바란다.

끝으로 이 책을 번역하는 데 큰 도움을 준 연규홍 박사에게 감사하며, I.M.F. 시대의 어려움 속에서도 교회사학의 발전을 위해서 본서를 출판해주신 은성출판사의 최대형 사장님께 감사한다.

1998년 4월, 평창동 서재에서
역자: 주재용

역자 소개

주재용(朱在鏞)

    1933년 10월 31일 경기도 여주 출생
    한국신학대학(현 한신대학교 전신), 동 대학원 졸업
    맥길(McGill)대학교에서 교회사 전공으로 Ph.D.(1974)
    한신대학교 신학대학원장, 학장, 총장 역임
    전국신학대학협의회 및 동북아신학대학협의회 총무, 회장 역임한
    국교회사학회 회장 역임
    현, 한신대학교 신과대학 교수

저서 및 역서

    『역사와 신학적 증언』, (대한기독교출판사, 1981)
    『기독교의 본질과 역사』, (전망사, 1083)
    『세계교회사-초대편』, (기독교방송, 1985)
    『경동교회 40년사』, (종로서적출판 주식회사, 1985)
    『역사와 신학』, 엮음 (한국신학연구소, 1985)
    『김재준의 생애와 사상』, 엮음 (풍만출판사, 1986)
    『한국기독교 100년사』, 공저 (한국기독교장로회 출판사, 1992)
    『한국그리스도교 신학사』, (대한기독교서회, 1998)
    J. Fleming/ K. Wright, 『새로운 선교와 교회구조』, 공역 (대한기독
    교서회, 1969)
    E. G. Jay, 『예수는 누구인가』, (대한기독교서회, 1977)
    J. Macquarrie, 『에큐메니칼 신학』, (한국신학대학출판부, 1979)
    J. M. Bonino, 『오늘의 행동신학』, (한국기독교교회협의회, 1982)
    C. S. Song, 『아시아의 고난과 신학』, 공역 (대한기독교출판사,
    1982)

H. Butterfield, 『기독교와 역사』, (대한기독교출판사, 1984)

M. Redeker, 『슐라이에르마허: 생애와 사상』, (대한기독교출판사, 1985)

J. M. Lochman, 『화해와 해방』(대한기독교서회, 1986)

E. G. Jay, 『교회론의 역사』(대학기독교출판사, 1986)

C. S. Song 외 다수, 『아시아의 상황과 신학』, 편역 (대한기독교출판사, 1987)

Wolfgang Huber/ Heinz Eduard Tödt, 『인권의 사상적 배경』, 공역 (대한기독교서회, 1992)

L. Vischer, 『새롭게 보는 교회사』, (대한기독교서회, 1995)

색인

ㄱ

가이사랴의 바실 55
가톨릭파 26, 127
가현설 42
갈리아 38, 64, 128
갈리안적 자유 128
감독파 25, 114
개혁교회 25, 124, 130
게르만족 18, 59, 60, 63, 64, 65, 69
고대 가톨릭 교회 43
고백록 58
공동 기도서 115
공의회 운동 23, 95, 96, 98
공의회주의자 98
교황권 몰락 21, 22, 77, 91
구스타부스 바사 119
구스타부스 아돌프스 124
국제선교협의회 157
그레고리 1세 67
그레고리 7세 68, 78, 97
그레고리 대제 65
그루테 102
그리스-로마 문화 39, 40

긍정과 부정 85
기독론의 이해 19, 69

ㄴ

나지안주스의 그레고리 56
나치주의 153, 154
난해한 박사 98
네로 37
네스토리안 19, 70, 71
노바티안 45
논리적 사고 39
누미디아 53
뉴 그라나다 106
니버 형제 154
니케아 신조 55, 59, 76
닛사의 그레고리 55, 56

ㄷ

단성론자 19, 71, 72, 103
단성론자들 19, 71, 103
단의론주의 70
대각성운동 133
데카르트 130
데키우스 황제 38, 45

도나투스주의 57, 58
도나투스파 53
도르트 회의 130
도미니크 21, 22, 83, 84, 86,
    100, 117
도미니크 바녜쯔 118
도미티안 37
동로마 제국 18, 60, 63, 64
동방교회와 서방교회의 분열
    21, 77, 82
동·서 교회의 분열 18, 63
디오클레티안 황제 38, 39

로크 130
롤라드파 99
루이 9세 82
루이 14세 124
루이 벨트란 106
루터파 26, 27, 111, 113, 119,
    127, 131
뤼스브록 102
리빙스톤 143
리츨 139
리카르드 64, 67
리키니우스 황제 39

ⓛ

라이프니츠 130
라테란 공의회 89
라틴 아벨로우스주의자들 87
라플라타 107
레오 1세 67
레오 3세 68
레오 10세 98
레쿠에리미엔토 108
로고스 40, 41
로드릭 64
로마 가톨릭교 26, 30, 127,
    133, 150, 151
로마네스크 22, 87
로마 상징 43
로마 제국의 국교 17, 49
로물루스 아우구스 18, 59, 63
로버트 벨라민 116

ⓜ

마니교 57
마르시온 42, 43
마르크스주의 30, 150, 154
마크리나 56
메노파 25, 113
메리 스튜어트 119
메리 튜더 115
멜랑히톤 111, 129
면죄부 110
모리타니아 53
모하메드 72, 73
몬테카시노 66
몰몬교 137
밀라노 칙령 15, 17, 33, 39, 49

ⓑ

바돌로매 축일의 대학살 120

바로니우스 116
바르멘 선언 153
바실 50, 52, 55, 56, 87
바우어 139
바울 4세 117
바젤 공의회 96
바톨로메 데 카사스 106
반종교개혁 25
발레리안 황제 38
배교자 45, 53, 54
배교자들 45, 53
백과전서파 130
백년 전쟁 22, 91, 92, 93, 95
버나드 77, 81
베가드파 100
베긴파 100
베네딕트 66, 67, 68
베스트팔리아 평화조약 124
변증론자 16, 37, 39, 40, 43
보나벤추라 86, 87
보니파스 89, 93
보니파스 8세 89, 93
보름스 협약 79
보에티우스 66
봉건제도 20, 73, 74, 81
부르주아 21, 22, 83, 84, 91, 92, 138
분산(Dispersion) 유대인 35
불가타역 57
블라디미르 75
비잔틴 기독교 20, 75, 103

비잔틴 제국 19, 20, 24, 64, 69, 73, 75, 81, 82, 102, 103
빅토르 3세 79

(ㅅ)

사도 교부들 37
사도신경 16, 42, 43
사보나롤 23, 99, 100
삼위일체에 관한 다섯개의 신학 연설 56
새로운 다윗 51
새 예루살렘 114
샤를마뉴 20, 65, 68, 74
서방 교회의 대분열 95, 96
서방교회의 대분열 23, 94
성공회 25, 114
성상 69, 70, 71
성전기사단 94
성지(the Holy Land) 33
세대주의 136
세빌레의 이시도르 64
셉티미우스 세베루스 황제 38
수도원 운동 52
수소 102
슈말칼트 동맹 111
슐라이엘마허 138, 139
스미르나의 폴리캅 38
스웨덴버그 132
스콜라 신학 23
스콜라 철학 23, 85, 86, 129

색인 167

스페너 131
스피노자 130
시에나의 성 캐더린 94
시토 수도회 77
신생(younger) 31
신정통주의 153
신탁통치 108
신흥종파들 137
십자가의 성 요한 116
십자군 전쟁 9, 21, 53, 80, 83
써쿰켈리온 53, 54
씨프리안 16, 43, 45, 67

ㅇ

아리스토텔레스 83, 86, 87
아리안주의 56, 58, 59
아리우스주의 18, 55, 58, 59
아비뇽 23, 93, 94, 95
아빌라의 성 테레사 116
아우구스트 헤르만 프랭크 131
아우그스부르크 신앙고백 111
아타나시우스 52, 55, 56, 59, 67
아편전쟁 142
아폴리나리스 69
안디옥의 이그나티우스 38
안식일 엄수주의파 127
안토니 51, 106
안토니오 데 몬테지노스 106
알렉산드리아 16, 19, 35, 43, 44, 55, 58, 67, 72

알비파 84
암브로즈 56
애디노램 저드슨 142
야곱파 72
야코브스 바라데우스 72
야콥 뵈메 132
얀 반 뤼스브록 102
얀센주의 128, 129
어거스틴 54, 56, 57, 58, 65, 67, 68, 99, 128
에드워드 6세 114
에드워즈 134
에라스무스 102, 110
엑크하르트 102
엔코미엔다 108
엘로이즈 85
여호와의 증인 137
영국 국교회 114, 127, 132
영지주의 41, 42, 43, 57
예루살렘 라틴 왕국 81
예수회 107, 109, 117, 118
오도아케르 65
오리겐 16, 43, 44
올가 75
올리버 크롬웰 126
우르반 2세 79, 80
웨스트민스터 신앙고백 126, 127, 130
웨스트민스터 회합 126, 130
웨슬리 132, 136
위기의 신학 153

위클리프 23, 99, 100, 114
윌리엄 오렌지 127
윌리엄 옥캄 98
윌리엄 캐리 142
윌리엄 펜 132
유대교의 전통 16
유명론 95, 98, 99
유세비우 50, 51
은둔자 피터 80
이그나티우스 로욜라 116
이레니우스 16, 43, 44
이사벨라 105
이성 숭배 137
이신론 130
인노센트 3세 22, 84, 88, 89
일과 26, 28, 67, 92, 119, 123, 138
일치 신조 111, 129
임마누엘 스웨덴버그 132

ㅊ

자유주의 28, 30, 138, 139, 144, 153
장로교회 25, 112, 127
장로회파 126
재세례파 25, 113, 114, 133
저스티나 56
저스틴 16, 38, 39, 40, 44, 128
정경 16, 42
정교분리 135

정의로운 전쟁 54
정적주의 128, 129
정주 66
정통파 26, 27, 72, 127, 132
제1차 바티칸 공의회 28, 140
제1차 십자군 원정 79, 80
제1차 에큐메니칼 공의회 59
제2차 십자군 원정 81
제2차 에큐메니칼 공의회 59, 69
제3의 로마 103
제3차 십자군 원정 81
제3차 에큐메니칼 공의회 69
제4차 십자군 원정 81, 89
제4차 에큐메니칼 공의회 70
제5차 십자군 원정 82
제5차 에큐메니칼 공의회 70
제6차 십자군 원정 82
제6차 에큐메니칼 공의회 70
제7차 십자군 원정 82
제라드 그루테 102
제롬 52, 57
제임스 2세 127
조나단 에드워즈 134
조셉 2세 128
조셉주의 128
조지 칼릭스투스 129
조합교회파 126
존 낙스 119
존 둔스 스코투스 98
존 엑크 116

색인 169

존 웨슬리 132
존 후스 23, 96
종교개혁 7, 9, 24, 25, 32, 98, 102, 105, 109, 110, 113, 114, 116
주말라가 106
줄리앙 54
진젠도르프 131
쯔빙글리 25, 111, 112

ㅊ
찰스 1세 26, 125, 126
찰스 2세 127
찰스 5세 111
채찍질하는 고행자들 100
청교도 26, 125, 126, 127, 133

ㅋ
카놋사 79
카롤링거 르네상스 74
카르타고 19, 44, 45, 53, 67, 72, 73
카예탄 117
칸트(Kant) 131
칼릭스투스 129
칼멜회 116
칼 바르트 30, 153
칼빈 25, 26, 111, 112, 114, 115, 119, 126, 127, 130, 134
캐더린 94, 114

캔터베리의 대주교 115
코넬리우스 얀센니우스 128
콘스탄스 54, 96, 100
콘스탄티노플 20, 22, 24, 50, 56, 59, 64, 68, 69, 70, 75, 76, 78, 81, 89, 91, 103, 105, 151
콘스탄티우스 54
콘스탄틴 2세 54
콘스탄틴 황제 17, 39, 49, 50, 51, 71
퀘이커교도 132
크리스천 사이언스 137
크리스티앙 3세 119
클라라 84
클레르보의 버나드 77, 81
클레멘트 16, 43, 44
키에르케고르 139

ㅌ
타볼파 100, 101
타울러 102
터툴리안 16, 43, 44, 45
테오도시우스 56
토마스 아퀴나스 22, 86, 87
토마스 크랜머 115
트라얀 황제 38

ㅍ
파코미우스 52
패트릭 65

페르디난드 105
페르페투아 38
페브로니우스주의 128
펠라기안주의 57, 58
펠리키타스 38
평등주의자파 127
포스트모더니티 30, 151
포에티에 전쟁 65, 73
포티우스 76
폰텐블루 칙령 124
프라하 폭동 123
프란시스 자비에르 109
프란시스코 21, 22, 83, 84, 86, 98, 106, 118
프란시스코 데 빅코리아 117
프란시스코 데 빅토리아 106
프란시스코 사비에르 117
프랭크 131
프레드릭 1세 81
프리드리히 슐라이엘마허 138
플라톤 36, 40, 57, 86
피사 공의회 96
피우스 9세 140, 141
피터 80, 83, 84, 85, 106

필로 35
필리오케 75
필립 2세 81
필립 야콥 스페너 131

ⓗ

하나님 말씀의 신학 153
하나님의 도성 57
하나님의 어머니 69
하르낙 139
한스 뵘 101
헤겔 139
헨리 4세 78, 79, 120
헨리 5세 79
헨리 수소 102
헬레니즘 34, 35
호모우시오스 55
호모이우시오스 55
화체설 89, 99, 110
황금의 입을 가진 자 56
후스 23, 96, 99, 100, 101
후앙 데 주말라가 106
훔버트 76
흄(Hume) 131

색인 171